Dorferneuerung Fischbach

Eine Dorfidee mit Zukunft

Irena Taitl Verlag

Fotos/Abbildungen/Zeichnungen/Beiträge

Die Einsender sind namentlich unter der jeweiligen Abbildung aufgeführt. Die veröffentlichten Beiträge, mit Ausnahme der vom Arbeitskreis verfaßten, sind ebenfalls namentlich gekennzeichnet.
Der Fischbacher Arbeitskreis Kultur und der Irena Taitl Verlag danken für die Bereitstellung der Artikel, des Bildmaterials und der Zeichnungen.

IRENA TAITL VERLAG
Waldstraße 12, 6208 Bad Schwalbach-Fischbach, Tel.: 06124/1775
Redaktion: Arbeitskreis Kultur
Umschlag und Zeichnungen: Theo Taitl
Lektorat: Arbeitskreis Kultur und Burkhard May
Durchsicht: Herbert Mernberger
Druck: Difo Druck, Bamberg

ISBN 3-9801443-7-2

Inhalt

Vorwort – Bürgermeister Günter Janisch 3
Einleitung – Ortsvorsteher Herbert Mernberger 7
Geschichte und Geschichten über Fischbach 9
Verschwundene Siedlungen 14

Dorferneuerung Fischbach / Eine Dorfidee mit Zukunft
Dorferneuerung in Fischbach.............................. 18
Wie bekomme ich einen Zuschuß?.......................... 26
Ein Dorf mit guten Ideen hat Zukunft 28
Junges Wohnen in Fischbach /
Ohne Jugend stirbt ein Dorf.............................. 33
Scheunen zu Wohnraum..................................... 36
Kindergarten in Fischbach?/Argumente, die überzeugen 37
Dorferneuerung im Spiegel der Presse 39

Treibende Kräfte der Dorferneuerung
Fischbacher Arbeitskreise................................. 46
Fischbacher Ortsbeirat – 20 Jahre jung................... 51
Der Planungsbeirat 52
Das Planungsbüro.. 53

Kulturdenkmäler und Naturdenkmäler /
erhaltens- und sehenswert
Fischbach und seine Kulturdenkmäler...................... 54
Die zwei Linden 58

Fischbachs Beitrag zum sanften Tourismus

Sanfter Tourismus / Ein Beitrag zur Kurförderung 59
Fischbacher Rundwanderwege 61
Gastlichkeit rund um Fischbach 65
Bad Schwalbach – eine sehenswerte Stadt 68
Der Sauerbrunnen 70
Hof Fischbach / Ökologischer Landbau in Taunuslage /
Mut zahlt sich aus / Neue Arbeitsplätze geschaffen 72
Ökologie / Naturschutz / Biotop................................ 76
Feuchtbiotop und Obstbaumpflanzung 79
Lexikon heimischer Mundart 81
Nassauer Redensarten 87
Aus Omas Kochbuch 89

Es war einmal / Anekdoten / Gesichter / Bilder

Der letzte Fischbacher Lehrer 99
Die Schulchronik 103
Bilder von früher und heute 105

Das Vereinsleben

Geschichte und Wirken des Bläserchores 112
Club der Fischbacher Senioren 115
Handarbeitskreis 119
Freiwillige Feuerwehr 121
Jugendclub 124
Schoppe Elf 126
Turn- und Sportclub 128

Die Kirche im Dorf / Die letzte Ruhestätte 130
Schlußbemerkung 133

Vorwort

Seit Jahren ist der Stadtteil Fischbach mit all seinen Bürgern beteiligt, wenn es darum geht, das Dorfbild zu verschönern. Dieses Bemühen wurde auch schon mehrfach honoriert, und Fischbach ist immer wieder unter den erstplazierten Teilnehmern des Wettbewerbs "Unser Dorf soll schöner werden".
Es ist deshalb fast eine selbstverständliche Sache, wenn Fischbach sich jetzt auch am Dorferneuerungsprogramm beteiligt.
So wie die bereits angelaufenen Vorbereitungsarbeiten zeigen, wird das Engagement für den gemeinschaftlichen Bereich ebenso groß sein wie im privaten Bereich.
Damit wird die Lebens- und Wohnqualität in Fischbach bereichert werden.
Dieses Büchlein ist ein weiterer Beitrag zur Förderung des gemeinsamen Anliegens.
Ich wünsche unserem kleinen, rührigen Stadtteil hierbei vollen Erfolg.

Janisch
Bürgermeister

Minister Jordan (rechts) überreicht den Bewilligungsbescheid an Bürgermeister Günter Janisch (links) und Ortsvorsteher Herbert Mernberger

Einleitung

10 lange Jahre hatten die Fischbacher, insbesondere der Ortsbeirat, darauf gewartet, in das Dorferneuerungs-Programm des Landes Hessen aufgenommen zu werden. Am 9. Mai 1992 war es schließlich soweit: Der Hessische Minister für Landesentwicklung, Wohnen, Landwirtschaft, Forsten und Naturschutz, Jörg Jordan, überreichte im Dorfgemeinschaftshaus "Fischbachhalle" den Bewilligungsbescheid zur Aufnahme Fischbachs in das Landesprogramm an Bürgermeister Günter Janisch und Ortsvorsteher Herbert Mernberger.

Die in der sogenannten vom Land geförderten Informations-, Beratungs- und Motivationsphase gebildeten Arbeitskreise Kultur, Bauliche Veränderungen, Ökologie und Soziales hatten in Form einer Ausstellung ihre Arbeit und Wünsche für die Zukunft eindrucksvoll dokumentiert.

Nach den Worten des Ministers handelt es sich bei dem Dorferneuerungsprogramm nicht in erster Linie um Investitionen im Baubereich, sondern vielmehr um eine Unterstützung der Dorfgemeinschaft, die durch Rückbesinnung auf ihre eigenen Kräfte die Zukunft des Ortes sichern könne.

Es ist im Grundsatz ein sehr demokratisches Programm, denn niemand wird gezwungen, sich daran zu beteiligen.

Die Entscheidung zugunsten Fischbachs ist nicht zuletzt deshalb gefallen, weil hier bereits im Vorfeld der Dorferneuerung von der Bürgerschaft Aktivitäten in diese Richtung entfaltet worden sind. Genannt seien hier in erster Linie die stolzen Erfolge im Wettbewerb "Unser Dorf soll schöner werden".

Mein ganz besonderer Dank gilt all denen, die tatkräftig zum Gelingen beigetragen haben: Ortsbeirat, Planungsbeirat, Arbeitskreise, Vereine, Magistrat, die Moderatorin Elfner-Storck, das Amt für Landwirtschaft und Landentwicklung, insbesondere Frau Happ und Herr Mohr, sowie das Planungsteam Hösel/Richter/Siebert mit Landschaftsplanerin Monika Dörhöfer.

Ich hoffe, daß Ihnen dieses Buch - im wesentlichen die Idee des Leiters des Arbeitskreises Kultur, Alexander Taitl - viel Freude bereiten wird.

Herbert Mernberger - Ortsvorsteher -

Ansicht von Fischbach / Rheingauer Straße

Geschichte und Geschichten über Fischbach

Am Nordhang des Rheingauer Höhenrücken liegt Fischbach (320 m NN), eingebettet in eine herrliche Taunuslandschaft, dort, wo sich drei bachdurchflossene Täler treffen. Ein weit verbreiteter Irrtum ist, daß Fischbach vom Bach, in dem Fische schwammen, herrührt. Nein, der Ursprungsname war "Vissebach", der Bach, der durch die Wiesen fließt. Trotzdem, was die Verwechslung entschudigen läßt, haben die Fischbacher sich ein inoffizielles Wappen mit einem Fisch im Bach gegeben.

Fischbach, so liest man in annalen Artikeln, gehöre seit der Entstehung im Jahre 983 zu den im Mittelalter zu Mainz gehörenden 15 überhöhischen Dörfern; dies ist falsch! In der berühmten Rheingauer Urkunde aus dem Jahre 983 werden nur die Grenzen des unteren Rheingaues umschrieben, Fischbach selbst wurde nicht erwähnt. Demnach kann die Jahreszahl 983, wie in manchen Schriften genannt, nicht als erstliche urkundliche Erwähnung gelten! Leider wurden im vorigen Jahrhundert zahlreiche Urkunden zur Rheingauer Geschichte durch die Gelehrten Schott und Bodmann gefälscht. So, schreibt Dr. Eiler vom Hessischen Hauptstaatsarchiv in Wiesbaden, hat G. Zedler die bei Sauer im Nassauischen Urkundenbuch I Nr. 130 abgedruckte Urkunde von 1073 entlarvt, in der angeblich eine Richardis ihr Stammgut in Hausen und Fischbach an Volmar von Wizela verkaufte. Somit sei sie für die Ortsgeschichte Fischbachs nicht verwertbar.

"Die erste urkundliche Erwähnung fällt in eine spätere Zeit, als die Territorien sich gerade bildeten und der Besitz im Rheingau schon vielfach zersplittert war. Um 1200 gehörte Fischbach den Rheingrafen, die nach Auskunft des Güterverzeichnisses des Rheingrafen Wolfram den Ort, der dort als Vissebach erscheint, an einen Heinrich Rufus von Winkel (Heinricus Rufus de Winkelo) zu Lehen gegeben hatten. Leider ist das Güterverzeichnis, das sich im Salm-Horstmarschen Archiv in Coesfeld befindet und von Wilhelm Fabricius 1911 ediert wurde, nicht datiert. Die neuere Forschung nimmt an, daß es zwischen 1210 und 1220 entstanden ist. Für die erste urkundliche Erwähnung müßte man in diesem Fall vom jüngsten Zeitpunkt, also vom Jahre 1220, ausgehen.

Die Rheingrafen verloren zwischen 1275 und 1281 ihren Besitz im

Rheingau. In einem Mainzer Ingrossaturbuch aus dem späten 14. Jh. im Staatsarchiv Würzburg wird Fischbach als ein vom Erzstift Mainz an die Herren von Scharfenstein ausgegebenes Lehen erwähnt. Die Vogtei behielten die Herren von Scharfenstein bis zu ihrem Aussterben im 17. Jh., während Katzenelnbogen bzw. Hessen als dessen Nachfolger die Landesherrschaft ausübte."

Man geht davon aus, daß Fischbach zur Zeit der Entstehung ein reines Köhlerdorf war. Noch heute kann man Überreste einstiger Kohlenmeiler in den nahegelegenen Wäldern finden.

Die Menschen lebten in ärmlichen Verhältnissen. Langsam arbeiteten sie sich zum Bauernstand in ein besseres Leben empor. Doch der Dreißigjährige Krieg machte auch vor Fischbach nicht halt. Bis auf sieben Häuser wurde alles zerstört und niedergebrannt, wobei die im Holzfachwerk und mit Strohdächern gebauten Häuser dem Feuer nichts entgegensetzen konnten.

Allmählich wuchs das Dorf wieder. Das Leben der Dorfbewohner war sehr hart. Mühsam verdienten sich die Bauern ihren Lebensunterhalt mittels Ackerbau und Viehzucht.

Trotz der Hexenprozesse mit ihren Verbrennungen der unschuldigen Opfer versuchten 1778 Fischbacher Bürger, mit Zauberei Gold zu machen. In einem Schreiben des Bärstadter Pfarrers Joh. Nikolaus Wagner am 22. September 1778 an seine vorgesetzte Behörde erfahren wir, daß der Buchführer Hechtel aus Frankfurt den "Doctor Fausts dreyfacher Höllenzwang" an Georg Philipp Eckel und dessen Frau, sowie an den Schafhirten Johann Wilhelm Kayser, alle aus Fischbach, verkauft hätte.

Doch das Herbeizaubern von "Geld" mißlang, und so kam es schließlich zum Streit zwischen Käufer und Verkäufer. Die Fischbacher wollten entweder ein besseres Buch oder ihr Geld zurück. Der Buchhändler trat die Flucht nach vorne an und zeigte die Streitigkeit beim Schwalbacher Amt an. Interessant: Der Buchhändler wurde inhaftiert, nicht die Fischbacher, weil sich darunter ja der reiche Eckel befand!

Im Jahre 1740 wurde die erste Schule errichtet und bereits vor 1734 wurden eigene Schuldiener angenommen. Später diente das Schulhaus als Schwesternstation und ist heute in Privatbesitz. Provisorisch begnügte man sich in der Zwischenzeit u.a. mit einem Unterrichtsraum. 1842 baute man aus der vorhandenen Substanz eine neue Schule, welche 1928 modernisiert wurde, zur Freude aller Fischbacher sogar mit einem kleinen Volksbad! Die Volksschule

Erstes Schulgebäude mit Backes (Backhaus)
(1740 erbaut – heute Wohnhaus)

wurde 1968 aufgelöst. Seitdem fahren die Schüler mit Schulbussen nach Bad Schwalbach.

Um den üblen Geruch durch Abwässer im Dorf zu beseitigen, baute man das erste Kanalnetz, wobei die Abwässer größtenteils ungereinigt in den Fischbach flossen.

Auch der Zweite Weltkrieg brachte viel Not und Elend nach Fischbach. Die Männer wurden zum Kriegsdienst eingezogen, so daß die Frauen Schwerstarbeit auf dem Feld und im Hof verrichten mußten.

Mit der Motorisierung gingen nun immer mehr Fischbacher einer besser bezahlten und leichteren Arbeit in der Stadt nach. Immer mehr Bauernhöfe gaben auf, bzw. unterhielten ihr Gehöft nur mehr als Nebenverdienst.

Durch den Grenzveränderungsvertrag vom 16.11.1971 wurde die selbständige Gemeinde Fischbach in die Stadt Bad Schwalbach eingegliedert. Mancher Fischbacher denkt noch etwas melancholisch an die "Gute alte Zeit" zurück.

Stolz ist man auf die Errungenschaften im Wettbewerb "Unser Dorf soll schöner werden". Mehrmals, so auch 1991, wurde Fischbach Bezirkssieger und 1984 als Gebietssieger zum schönsten Dorf Südhessens gewählt. Diese dörfische Struktur zukunftsorientiert zu erhalten, das Gemeinwohl zu fördern und der Jugend als Fundament einer lebensfähigen Dorfgemeinschaft in Fischbach innerhalb der gewachsenen Bausubstanz Wohnraum zu schaffen, haben sich die zahlreichen Vereine und der Ortsbeirat verpflichtet.

Nach zähem Ringen ist man 1991 in die Planungsphase des Dorferneuerungsprogramms aufgenommen worden, und 1992 erhielt man den Bewilligungsbescheid zur Aufnahme ins Dorferneuerungsprogramm durch Minister Jörg Jordan überreicht.

Rechts Ansichtskarten von Fischbach, oben um 1950, rechts unten um 1960. Herausgegeben vom ehemaligen Besitzer des Gasthofes "Zum Fischbachtal" Wilhelm Fetz
Zur Verfügung gestellt von Gertrud Krieger

Fischbach bei Bad Schwalbach im Taunus

Fischbach b. Bad Schwalbach/Taunus

Fischbach und seine Nachbarn - Verschwundene Siedlungen

Anselberg

Das Dorf Anselberg, auch Anselburg (Anssellborg) genannt, bildete mit Hausen v.d. Höhe eine Heimgereide (dem Gemeinwesen zugehöriger Bezirk) und pfarrte einst nach Bärstadt. Es hatte wie Hausen immer dieselben Herren, anfangs die Rheingrafen, dann die Grafen von Sponheim, und zum Schluß kam es nach Nassau-Saarbrücken. Noch heute weisen die Flurnamen "Anselburg" in der Fischbacher Gemarkung sowie in Langenseifen "Anselberg" und "Anselseifen" darauf hin. Wann es verschwand und warum, ist nicht belegt.

Fortelbach (Fürtelbach)

Zwischen Bärstadt und Fischbach lag einst die Ortschaft Fürtelbach, welche pfarrmäßig zu Bärstadt gehörte. In der Bärstadter Gemarkung gibt es noch den "Fortelbacher Weg". Belegt ist, daß es 1401 schon Wüstung war.

Die Adligen von Greifenklau zu Vollrads hatten es von Nassau/Diez zu Lehen :"Furtelbach daz eins ein Dorf wass gelegin bie Husien vor der hoe". Über den Untergang gibt es keine Unterlagen.

Selhain

Zwischen Obergladbach und 1,2 km südwestlich Fischbachs, nahe einer Wegkreuzung auf ca 440 m Höhe, lag das Dorf, auch als Sellinhagen oder Sellenhan benannt. Sein Name kommt von dem althochdeutschen "Salaha" und bedeutet Saalweide.

Es war ein kleines Dorf mit einer Kirche. Im 15. Jahrhundert wird ein Pfarrer und ein Pleban erwähnt. Von dieser "Seelhüner" Kirche waren 1778 noch Ruinen zu sehen. Pfarrer Wagner von Bärstadt hatte sich zu besonderem Zeichen den Kirchenschlüssel von einem Fischbacher Bewohner einhändigen (aushändigen) lassen.

Urkundlich ist Selhain (Sammlung Vigener Nr. 1892) bereits 1364 erwähnt. In diesem Jahr empfing Siegfried, der Sohn des verstor-

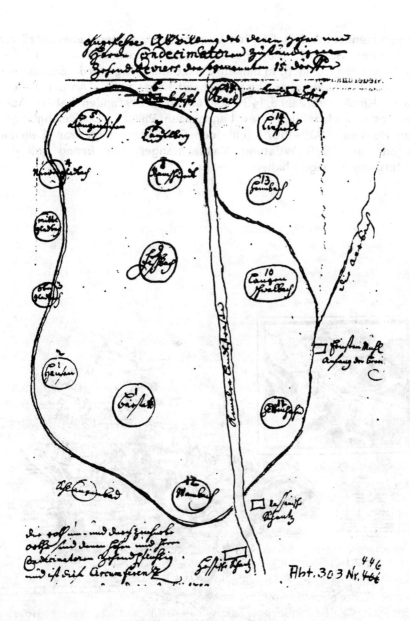

Karte von 1758 mit den "überhöhischen Dörfern" (Kartenmitte: Fischbach). Hessisches Staatsarchiv Wiesbaden W. K. v. 2/3. 9.89

benen Hennechin Sascher von Glimmentdal, seinen Lehenanteil am Glabacher Gericht. Dies geschah auf Annordnung des Mainzer Erzbischofes Gerlach. In diesem Zusammenhang wurde Selhain erwähnt. Ein Fischbacher Flurstück heißt heute noch :"An der Sellerhaner Kirch". Im Jahre 1491 soll es noch bestanden haben. Aber bereits im "Mannbuch" des Landgrafen Philipp des Gleichgültigen von Hessen (1509-1567) fehlt der Ort. Vermutlich war Selnhain bereits um 1539 Wüstung. Wassermangel oder Brand soll den Untergang besiegelt haben.

Karte der "Fünfzehn Dörfer" (1608/09)

Grenzstein, gehoben am 15.10.90, markiert die Grenze zur ehemaligen "Gemeinde Selhain"

Dorferneuerung Fischbach / Eine Dorfidee mit Zukunft
Dorferneuerung in Fischbach

Chancen zur Verwirklichung alter und neuer Ziele

Als unser Büro in den Jahren 1983 - 1985 die Dorferneuerungsplanung in Hausen vor der Höhe erarbeitete, lernte ich bald die nähere und weitere Umgebung dieses Ortsteiles der Gemeinde Schlangenbad kennen; nur Fischbach, als Ort "über und hinter dem Berg" - so ging es mir wenigstens - blieb auf eine fast mysteriöse Weise verborgen. 1986 begann unser Büro mit der Dorferneuerungsplanung Laufenselden; diesmal blieb Fischbach sozusagen "links liegen" - die Bäderstraße B 260 brachte mich schnell nach Heidenrod.

Das Geheimnisvolle um diesen "weißen Fleck" in meinem Kopf veranlaßte mich 1987, von Laufenselden kommend, erstmals von der Bundesstraße abzubiegen und über Fischbach und Hausen vor der Höhe nach Darmstadt zurückzufahren.

Eindrücke eines Außenstehenden

Wer in Fischbach beheimatet ist und dort lebt, wird dieses Gefühl - und das habe ich gerade auch beim Autofahren erlebt - sich nach Fischbach im wahrsten Sinne des Wortes "abzuseilen", spürbar rasch Höhenunterschiede zu überwinden, an eindrucksvoller Landschaft vorbei mit Wechseln von Aus- und Anblicken ins Tal zum Ort zu gelangen, nicht oder vielleicht nicht mehr haben:

Gewohnheit überlagert die Faszination, wetter- und wintermäßig bedingte Schwierigkeiten, ans Ziel zu kommen, trüben den Blick für das Außergewöhnliche der Umgebung.

So kommt man auf eine natürliche und selbstverständliche Weise in Fischbach an: der Ort beginnt, entwickelt sich und endet so eindeutig und klar, wie er begonnen hat. Das heißt, auch das Verlassen Fischbachs ist als Übergang von gebautem zu gewachsenem Lebensraum sinnlich erlebbar; die Siedlungsstruktur im historischen Ort als Straßendorf wirkt überschaubar und in positiver Weise begrenzt.

Dieser Reiz der besonderen Lage, des definierten Ortes, der Kreuzung zweier Talzüge mit Bachläufen, der herrlichen landschaftlichen Umgebung wird weder durch die "alten" Neubaugebiete am Hang noch durch die teilweisen Bachverbauungen und -verrohrungen von Fisch- und Grambach oder die merkwürdigen baulichen Auswucherungen an Schuppen, Hütten, Freiraumüberdachungen und Nebengebäuden getrübt.

Welcher Ort kann wie Fischbach von sich behaupten, daß er aus heutiger (und meiner) Sicht, Kleinod von Hause aus, nur neu geschliffen, poliert, zum Glänzen und Funkeln gebracht werden muß – nicht nur um zu existieren, sondern um weiter originärer erfüllter Lebensraum zu bleiben sowohl in sozialer, kultureller, ökologischer als auch ökonomischer Hinsicht.

Diese Liebeserklärung – um eine solche handelt es sich hier – ist getragen von Einsichten und Erkenntnissen, die es mir ermöglichen, meinen Teil über unser Büro dazu beizutragen, dieses Kleinod Fischbach, im Bild bleibend, zu erhalten und so herzurichten, daß es weiter leuchtet und strahlt.

Dörfliche Planungsaktivitäten

Ich habe von meinem Beitrag gesprochen und meine damit eine sensible, einfühlsame Facharbeit im Rahmen der Dorfentwicklungs- und Dorferneuerungsplanung, die zu leisten eine besondere Freude bereitet. Der andere Teil – und das ist bei aller Euphorie der wichtigere – muß von den Fischbacher/innen getragen und beigesteuert werden, wenn Dorferneuerung nicht zu theoretischen Planungsansätzen vorkommen soll.

Und schon bin ich bei einem weiteren Faszinosum, das zu spüren und zu erleben erst möglich war, als ich Kontakte mit Mitgliedern der Arbeitskreise, dem Ortsbeirat und später mit dem Planungsbeirat hatte:

- diese Kommune weist eine gute Dorfgemeinschaft auf,
- mehr Anwohner als anderswo zeigen großes Engagement,
- es besteht eine umfassende Mitmachbereitschaft,
- Fischbach ist ein lebendiges und aktives Dorf.

Diese Einschätzung wird durch Jutta Elfner-Storck, die ich schon länger kenne, geteilt, und es fällt mir dabei auf, welcher Glücksfall doch gerade diese Moderatorin für Fischbach ist.

Beredte Zahlen

Um nicht noch mehr ins Schwärmen zu kommen, breche ich hier ab und nenne ein paar wichtig erscheinende Zahlen:

Fischbach weist eine riesige Gemarkungsfläche von ca. 600 ha auf - nur Langenseifen und die Kernstadt Bad Schwalbach haben größere Gemarkungsflächen - bei einer Einwohnerzahl von ca. 380. Das bedeutet eine Einwohnerdichte auf die Gemarkungsfläche bezogen von 0,6 E/ha - die geringste in Bad Schwalbach und ihren Stadtteilen bei einem Durchschnittswert von 2,7 E/ha.

Die drangvolle, baulich interessante Enge des kleinen Ortes einerseits und die Weite und Größe der landschaftlichen Umgebung andererseits - welch ein zum Nachdenken anregender Gegensatz, der mit Sicherheit die Eingeborenen geprägt und seinen Ausdruck auch in der Siedlungsstruktur gefunden hat: hohe Dichte, Nutzung und Verbauung jeden Quadratmeters Boden, große versiegelte Flächen, geringe innerörtliche Grünanteile - bei soviel Natur und abwechslungsreicher Landschaft, Talzügen, bewaldeten Berghängen, Wiesen drumherum sind eigentlich nicht verwunderlich.

Außerdem - "Vissebach" wird um 1200 das 1. Mal urkundlich erwähnt - waren die Einwohner Fischbachs in der älteren Vergangenheit wohl stets vorwiegend arme Leute, jedenfalls als Köhler und später als Bauern nicht mit Reichtümern gesegnet. So gibt es auch nur wenige, unspektakuläre Kultur- und Naturdenkmäler im Ortskernbereich; sie seien hier kurz genannt:

1) Rheingauer Str./Ochsenbergweg - Brunnensockel mit Auffangbehälter aus Sandstein (Flst. 110/7)

2) Rheingauer Str. 16 - Kleines Wohnhaus des 18.Jh., Fachwerk barocker Prägung vermutet (Flst. 43/3)

3) Rheingauer Str. 22 - Giebelständiges Fachwerkwohnhaus des 18.Jh. in zentraler Lage an der Rheingauer Str., Gebäude wesentlicher Bestandteile des Ortsbildes (Flst. 40/2)

4) Rheingauer Str. - Dorfbrunnen des 14. Jh., Pumpbrunnen mit kleinem Becken (Flst. 111/1)

5) Rheingauer Str. / Siedlerweg - Zwei Linden, ND 14/7
(Flst. Am Brandweiher, 36,37)

Notwendigkeit privater Initiative
Bereitschaft zum Mitmachen

Wichtig erscheint mir in diesem Zusammenhang, wie man die jetzigen Eigentümer der denkmalgeschützten Gebäude vielleicht unter Einsatz und Mithilfe der Dorfgemeinschaft dazu bewegen könnte, sich der Bedeutung ihrer Häuser bewußt zu werden und die Möglichkeiten im Rahmen der Dorferneuerung ideell und finanziell voll auszuschöpfen, was wiederum dem ganzen Ort und seinen kulturellen Ansprüchen zugute käme.

Dies würde sich auch nahtlos in die schon heute große Mitmachbereitschaft auf dem privaten Sektor einfügen:

Viele Fischbacher/innen lassen sich umfassend und kostenlos baulich und freiflächenmäßig beraten, wollen Hausrenovierungen, Gebäudesanierungen durchführen und/oder Höfe, Einfahrten und Gärten umgestalten und unter ökologischen Aspekten begrünen oder Neuanpflanzungen vornehmen.

Dabei spielt die Umnutzung von alter Scheunensubstanz eine besondere Rolle; ohne Ausweisung neuer Baugebiete kann hier im historischen Ort selbst ein Potential zu Wohnzwecken genutzt und gleichzeitig einem Abwandern junger Leute entgegengewirkt werden: der Ortskern bleibt vital und verstärkt so seine Reize, besonderer, unverwechselbarer Lebensraum zu sein.

Statt strenger Reglementierung durch Gestaltungsrichtlinien für bauliche Anlagen und ihre Grundstücke erscheint es meiner Ansicht nach sinnvoller, eine Gestaltungsleitidee zu entwickeln, die gleichzeitig schafft, individuelle Auffassungen und Vorstellungen einzubinden wie sich ausleben zu lassen.

Planungsmaxime und Maßnahmen

Die Arbeitskreise im Vorfeld der Dorferneuerung haben mit Unterstützung von Jutta Elfner-Storck ihrem Namen alle Ehre gemacht: ihre 1991 entwickelten Zielsetzungen, ihre Vorstellungen von einem

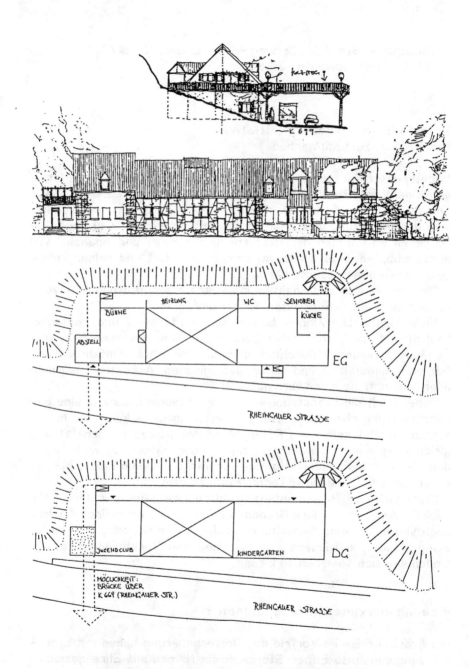

Gestaltungsvorschlag: Ausbau Fischbachhalle

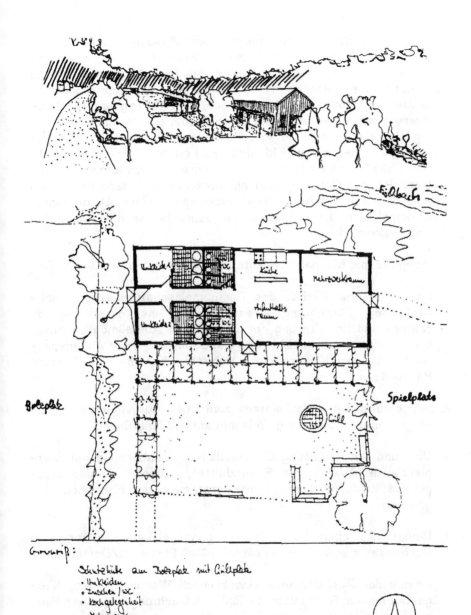

Gestaltungsvorschlag: Bolzplatzgelände mit Kinderspielplatz, Verlegung und "Ausbau" der Schutzhütte

zukünftigen Fischbach sind unserem Büro Ausgangsbasis für eine Umsetzung in handfeste Maßnahmen. Zusammen mit dem Planungsbeirat bei Unterstützung durch den Ortsbeirat sind für die nächsten 5 Jahre folgende Projekte, besonders des Gemeinbedarfs, nach Bad Schwalbach gemeldet worden, dem Auftrag aus der Dorferneuerung entsprechend, Fischbach weiterzuentwickeln und für eine gesicherte Zukunft zu sorgen. Maßgebend dabei ist, eine gewisse Eigenständigkeit und Identität zu bewahren, Fischbach nicht nur als Schlaf- und Freizeitstätte zu begreifen, sondern so auszustatten, daß der Ort möglichst allen Altersstufen gerecht werden kann und immer auch Weiterentwicklungen zuläßt. Dazu gehört ganz simpel auch, daß von Fischbach gesprochen wird und nicht von Bad Schwalbach 4.

Die Projekte und Maßnahmen lauten im Zeitraum von 1993 - 1998:

1. Um-, An- und Ausbau des Dorfgemeinschaftshauses "Fischbachhalle"; Einrichtung eines Kindergartens, eines Jugendraumes und Erweiterung der Lager- und Abstellmöglichkeiten; Umgestaltung der Außenanlage und Schaffung einer Außenspielfläche für den Kindergarten. Holzsteg über die K 669 (zum Parkplatz).

2. Neugestaltung des Parkplatzes zum DGH; Aufnahme des Holzsteges, u.a. Entsiegelung, Beleuchtung und Eingrünung.

3. Um- und Neugestaltung der westlichen Fischbachaue mit Bolzplatzhütte (Ausbau der Schutzhütte), Außenanlage des Bolzplatzes, Kinderspielplatz, Containerstandort und Fischbach-Eingrünung.

4. Umbau des ehemaligen Saatreinigungsgebäude, Nutzung als Dorfmuseum sowie Umfeld einschließlich Ehrenmal/Dorfbrunnen.

5. Umbau der Bushaltestelle einschließlich Wartehäuschen, Neugestaltung der Grünanlage/Freisitz, Beleuchtung. Platz vor Feuerwehrgerätehaus pflastern.

Ich bin sicher, daß neben diesen Maßnahmen, die immerhin ein Kostenvolumen von über 1 Million DM haben, weitere, z.B. in Eigenhilfe im Zusammenwirken der Dorfgemeinschaft, umgesetzt werden können. Was unser Büro, was ich – nicht nur fixiert auf unseren Auftrag – beitragen kann, dieser Dorfentwicklungs- und Dorferneuerungsplanung zum Erfolg zu verhelfen, soll geschehen.

Kai Richter
Planungsteam Darmstadt, aufgestellt 26.10.92

Gestaltungsvorschlag: Dalles

Wie bekomme ich einen Zuschuß?

Der richtige Weg einer Förderung aus dem Dorferneuerungsprogramm:

1. VOR jeder Förderung erfolgt eine KOSTENLOSE BERATUNG durch das mit der Dorfentwicklung beauftragte Planungsbüro.

   Also:
   Wenn Sie Veränderungen an Ihren Gebäuden beabsichtigen, setzen Sie sich mit dem Planungsbüro in Verbindung. Anschrift und Telefonnummer erfahren Sie von Ihrer Gemeindeverwaltung. Das Planungsbüro wird mit Ihnen einen Beratungstermin vereinbaren.

2. Über die Beratung bekommen Sie ein PROTOKOLL.
   Darin wird festgehalten, welche Punkte bei der Durchführung Ihrer Maßnahme zu beachten sind und was Sie als nächsten Schritt veranlassen sollten.

3. Setzen Sie sich mit uns, dem Amt für Landwirtschaft und Landentwicklung, Wiesbaden, in Verbindung. Wir sagen Ihnen – gegebenenfalls bei einem Ortstermin – welche UNTERLAGEN für eine FÖRDERUNG erforderlich sind (z.B. Kostenvoranschläge von Unternehmern, Zusammenstellung der Materialkosten etc.)

4. Wenn die Unterlagen vollständig vorliegen, kann der ANTRAG AUF FÖRDERUNG gestellt werden. Das machen wir gemeinsam mit Ihnen im Amt. Dabei wird auch besprochen, mit welchem Zuschuß Sie rechnen können.

FÖRDERUNGSGRUNDSÄTZE

Für eine Maßnahme kann im Regelfall ein Zuschuß bis zu 30% der förderfähigen Kosten, maximal aber DM 40.000,-- gewährt werden.
Zuschüsse werden nur für Maßnahmen bewilligt, mit deren Durchführung noch nicht begonnen wurde.
Ein Rechtsanspruch auf Förderung besteht nicht.

5. Danach bekommen Sie von uns einen BEWILLIGUNGSBESCHEID, der neben der ZUSCHUSSHÖHE auch mögliche AUFLAGEN (die vorher mit Ihnen besprochen wurden) enthält. Erst nach Erhalt des Bewilligungsbescheides darf mit der Maßnahme begonnen werden (Unternehmer beauftragen, Material kaufen usw.)

AUSZAHLUNG DES ZUSCHUSSES
Die Rechnungen werden zunächst von Ihnen bezahlt.
Die ORIGINALRECHNUNGEN UND ZAHLUNGSNACHWEISE (auf der Rechnung vom Unternehmer quittiert oder bei Überweisungsaufträgen von der Bank abgestempelt) legen Sie mit dem VOLLSTÄNDIG AUSGEFÜLLTEN FORMBLATT "Auszahlungsantrag und Verwendungsnachweis" bei uns vor.

Nach Prüfung der Unterlagen wird Ihnen der Zuschuß (auch anteilmäßig) ausgezahlt.

Information und Beratung: Amt für Landwirtschaft und Landentwicklung in Wiesbaden (ALL) Tel. 0611/377032

Ein Dorf mit guten Ideen hat Zukunft

Als ich im Sommer 1990 mit meiner Arbeit als Moderatorin in Fischbach anfing, war von Dorferneuerung noch keine Rede, zumindest nicht außerhalb des Dorfes. Damals ging es nur darum, einmal abzuklären, inwieweit Bürger und Bürgerinnen Interesse an einer aktiven Mitarbeit an der Dorfplanung haben. Es war ein eher wissentschaftliches Pilotprojekt.

Fischbach ist heute zu einem Beispiel dafür geworden, was Bürgerengagement bewirken kann. Beweis: Der Ort ist in das Dorferneuerungsprogramm aufgenommen, die Planung läuft auf vollen Touren, das Geld fließt (oder wird binnen kurzem fließen). Der Erfolg ist ein hundertprozentiger. Lassen Sie mich noch einmal die Entwicklung nachvollziehen.

Zu Beginn meiner Tätigkeit in Fischbach hatte der Ort ein Stimmungstief erreicht. "Wir sind zu oft verarscht worden", war das Zitat, das die Gesamtlage chrakterisierte. Bei meiner ersten öffentlichen Veranstaltung, als es darum ging, abzuklären, wer denn zu einer Mitarbeit bereit wäre, wurde mir denn auch folgerichtig entgegengehalten: "Mit uns können Sie nicht rechnen. Wir haben keine Zeit. Wir sind alle in verschiedenen Vereinen. Wir müssen dahin und dorthin. Wenn Sie was von uns wollen, müssen sie jeden einzelnen von uns zu Hause abholen und herschleifen."

Sogar der sehr aktive Ortsbeirat mit seinem Vorsitzenden Herbert Mernberger an der Spitze hatte die Nase voll: "Wenn wir nicht bald mehr Unterstützung bekommen, weiß ich nicht wie's weitergehen soll."

Heute wissen wir, die Unterstützung kam. Vier Arbeitskreise haben sich gegründet zu den Themen Bauliche Veränderungen, Kultur, Soziales und Ökologie. Rund 30 Bürger und Bürgerinnen trafen sich regelmäßig in den Gruppen oder auch zu gemeinsamen Veranstaltungen, um die "Ortsidee" Fischbach neu zu konzipieren.

Die Arbeitskreise haben sich damals gegründet, und das muß noch einmal besonders hervorgehoben werden, lediglich in der Hoffnung auf die finanzielle Absicherung ihrer Planungen durch die Dorferneuerung. Gewißheit gab es nicht.

Ich erinnere mich noch sehr gut an die damalige Diskussion über Sinn und Sinnlosigkeit der Arbeitskreise. Es gab zwei Argumentationsstränge: diejenigen, die die Ansicht vertraten, aufgrund gemachter schlechter Erfahrungen mit der geldgebenden Obrigkeit seien die Fischbacher nicht mehr motivierbar, und die anderen, die Aktivitäten für das Dorf befürworteten, nicht nur, um sich für die Dorferneuerung einzusetzen, sondern auch, "um wieder mal was zu bewegen." Letztere Fraktion hat sich durchgesetzt.

Mit dem Bewilligungsbescheid von Minister Jörg Jordan Anfang 1992 kam auch der Planer, Kai Richter, vom Planungsteam Darmstadt, der dabei ist, die konzeptionellen Ideen der Bürger in engster Zusammenarbeit mit diesen in konkrete Planungen umzusetzen.

Jeder Arbeitsschritt wird mit dem Planungsbeirat, der sich aus den Arbeitskreisen und dem Ortsbeirat entwickelt hat, abgesprochen. Somit bleibt die höchstmögliche Akzeptanz der Planungen durch die Bürger und Bürgerinnen gewahrt.

Ich möchte hier einmal darauf hinweisen, daß eine solche Form der Planung durchaus nicht üblich ist, sondern auch mit der Person des Planers zusammenhängt, der im übrigen nach entsprechenden Vorgesprächen von den Mitgliedern der Arbeitskreise ausgewählt und der Stadt Bad Schwalbach empfohlen worden ist. Diese Vorgehensweise hat sich sehr bewährt. Die Fischbacher haben "ihren" Planer so richtig ins Herz geschlossen. Das beweist schon die besonders hohe Zahl der Beratungsgespräche. Diese wiederum bedeuten langfristig Schaffung von Wohnraum in bisher nicht oder untergenutzten Gebäuden bzw. Verschönerung der Fassaden und des Wohnumfeldes.

Ein Dorf mit guten Ideen hat gute Chancen. Das ist die Botschaft, die von Fischbach ausgeht und die sich in den nächsten zehn Jahren, wie ich hoffe, auch weiter manifestieren wird.

Während der halbjährigen Motivationsphase 1990/91 haben sich als Handlungsansätze für ein modernes und zukunftsorientiertes Dorf ergeben:

- Schaffung neuer Infrastruktur über Wohnraumbeschaffung für Jugendliche
- Aufbau neuer Dorfstrukturen über Willensbildungsprozesse in Arbeitskreisen, Planung Dorfentwicklung durch die Bürger und Bürgerinnen
- Hebung der Infrastruktur durch projektbezogene Initiativen: Dorfladen, Museum, Kindereinrichtung

- Offene Alten- und Jugendarbeit zur verstärkten Integration sozialer Randgruppen
- Anleitung zur Umsetzung ökologischer Aspekte in den Alltag unter Berücksichtigung dorfspezifischer Gegebenheiten.

Es waren diese Konzeptionen, die das zuständige Ministerium in Wiesbaden davon überzeugt haben, daß für Fischbach sich die Dorferneuerung lohnt, daß hier neue Ansätze zu finden sind. Die erarbeiteten Ideen und die bereits vorhandenen Initiativen entsprechen den beiden Grundgedanken des Dorferneuerungsprogramms.

Diese lauten:

1. "Die Dörfer sollen als soziale Organisationsformen in ihren regionstypischen Ausprägungen erhalten und weiterentwickelt werden. Die dörfliche Lebensform mit ihren hohen Werten soll ökonomisch gesichert bleiben und sich in ökologisch intakten Lebensräumen entfalten können.

2. Durch den Prozeß der Dorferneuerung sollen Dorfbürger wieder die Erfahrung gewinnen, daß ihr Ort keineswegs in den Gesamtinteressen der Großgemeinde untergehen muß, phantasievolle Dorfkultur möglich ist und eigene Initiativen aus dem Dorf nützlich und gefragt sind. "

Die in Fischbach zum Teil vorhandene und zum Teil neu entstandene "phantasievolle Dorfkultur" war auch der Grund dafür, daß mein "Motivations"-Auftrag noch einmal verlängert wurde, zum einen, um die weitere Entwicklung zu beobachten, zum anderen, um die Projekte Kinder-/Jugendeinrichtung und Dorfladen weiter voranzutreiben, damit der Planer diese Initiativen auch gleich mit einplanen kann.

Politisches Ziel der Dorferneuerung ist es, die Dörfer wieder mit Infrastruktur zu versorgen. Jeder Ort sollte Postannahme, Laden, Kindergarten, Verwaltungsstelle und ausreichend Gemeinschaftsräume haben. Dies erfordert manchmal - und das haben wir hier in Fischbach erfahren - erhebliche Anstrengungen und Ideenreichtum auch für unkonventionelle Lösungen.

Jugendraum und Kindergarten sind mittlerweile auf den Weg gebracht. Räumlichkeiten in der aufgestockten Fischbachhalle könnten mit den Landeszuschüssen relativ kostengünstig realisiert werden. Die Vorteile liegen auf der Hand.

Kindergarten: Betreuung der Kinder am Ort, keine Busfahrten mehr. Entwicklung eines Gruppen- oder Gemeinschaftsgefühls der Kinder und der Eltern, Aneignung der Umwelt, die ja gerade in Fischbach noch relativ intakt ist, durch die Kinder. Je nach dem Engagement von Eltern und Erzieherinnen kann sich ein solcher Kindergarten auch zu einer Institution am Ort entwickeln, die das Gemeinschaftsleben entsprechend prägt. Für junge Familien bedeutet ein Kindergarten am Ort einen Grund mehr, sich in Fischbach niederzulassen.

Jugendraum

Fischbach hat einen sehr gut funktionierenden Jugendclub, der auch über die Belange der Jugendlichen hinaus aktiv ist. Um auch dem jugendlichen Nachwuchs, also den 12-16jährigen, die Chance zu geben, in diese Gruppierung hineinzuwachsen, ist ein entsprechender Raum zwingende Notwendigkeit. Das heißt nicht, daß sich die Fischbacher Jugendlichen nicht genauso überregional orientieren sollen. Aber es muß die Möglichkeit bestehen, sich auch im Ort aufzuhalten und gemeinsam zu beschäftigen.

Dorfladen

Diejenigen, die mich kennen, wissen, daß der Dorfladen immer mein persönliches Lieblingskind war. Leider ist es nicht gelungen, eine Gruppe aufzubauen, die sich für einen solchen eingesetzt hätte. Da sich kein Privater mehr findet, der ein solches Wagnis auf sich nehmen würde - Frau Blum war die letzte Mutige, die aber auch kapitulieren mußte - mußte nach einer unkonventionellen Idee gesucht werden. Diese war, einen Laden auf Genossenschaftsebene aufzubauen. Das hätte bedeutet, daß die Haushalte Anteile zeichnen und sich damit verpflichten, auch im Laden einzukaufen. Ein Vorstand, der je nach Umsatz bezahlt werden sollte, sollte den Laden managen. Dies hätte bedeutet: kurze Wege zur Deckung des täglichen Bedarfs, Teilzeitarbeitsplätze vorranging für Frauen, Förderung der Dorfgemeinschaft über dieses gemeinsame Projekt: aber sicher auch Förderung von Konflikten im Dorf. Gemeinsame Projekte, gerade auch solche, die dauerhafte Verantwortung und ein Aufeinanderangewiesensein über Jahre hinaus erfordern, stellen sehr hohe Anforderungen an die Gemeinschaft.

Vielleicht ist es tatsächlich noch zu früh, um eine solche Verantwortung auf sich zu nehmen. Warten wir ab, wie sich die Maßnahmen im Rahmen der Dorferneuerung weiter entwickeln!

Jetzt, zum Ende meiner fast zweijährigen Tätigkeit in Fischbach, möchte ich an Sie alle appellieren: Arbeiten Sie mit in den Arbeitskreisen. Dort wurden und werden die Ideen für das "Modell Fischbach" entwickelt. Der Ortsbeirat und der Planungsbeirat brauchen die Mithilfe und Unterstützung der Bürger und Bürgerinnen.

Sie, die Arbeitskreise, bedeuten eine verstärkte Demokratisierung der Entscheidungen und sind Grundlage für eine neue Dorfkultur. Perspektivisch sollte es möglich sein, die Arbeit der Arbeitskreise so positiv zu besetzen, daß die junge Generation in diese Arbeitsform hineinwächst und deren Strukturen übernimmt. Es ist dies eine Chance, ein Dorf auf lange Sicht lebendig zu erhalten und Planungen auf die ganz spezifischen Bedürfnisse abzustimmen.

Es gibt noch sehr viel zu tun im Laufe der nächsten zehn Jahre. Planungsbeirat und Arbeitskreise packen's an.

Ich wünsche Ihnen alles Gute auf dem weiteren Dorferneuerungsweg und möchte Sie gerne weiter begleiten als alljährlicher Gast bei den so verschiedenen Veranstaltungen, die mir immer so gut gefallen haben.

Ihre Jutta Elfner-Storck, Dipl.Soziologin und Moderatorin.

Junges Wohnen in Fischbach / Ohne Jugend stirbt ein Dorf

Immer mehr Jugendliche strömen aus den Dörfern in die Stadt. Landflucht in die Stadt lautet die Überschrift einer Tageszeitung. In Fischbach ist es ganz anders. Die Jugendlichen wollen in Fischbach bleiben, wohnen, und wie man es auch erlebt, heiraten und Kinder "kriegen". Im Vergleich zu anderen Orten ist dies mehr als erstaunlich. Zur Kerb fährt Oliver sogar extra von Berlin in sein Dorf, oder man nimmt sich Urlaubstage für die Festtage. Ja, die Fischbacher Jugend will im Dorf bleiben!

Im Gegensatz zu anderen Dörfern ist man in Fischbach bemüht, Wohnraum zu schaffen, ohne die Erschließung neuer Baugebiete. Die Erhaltung der dorftypischen Struktur soll nicht durch die Schaffung neuer Baugebiete zerstört werden.

Minister Jordans Programm "Scheunen zu Wohnraum" wurde und wird in Fischbach beispielhaft umgesetzt. Wohnraum schaffen, unter Berücksichtigung der dorftypischen Gegebenheiten, wird von der im Dorf bleibenden Jugend umgesetzt.

Fischbach hat nach der Bestandsaufnahme durch das Planungsbüro Richter zahlreiche Scheunen, welche sich zu Wohnzwecken eignen, da sie ihre eigentliche Funktion verloren haben. So haben zahlreiche Fischbacher Jugendliche Scheunen ausgebaut bzw. Wohnraum unter Berücksichtigung der dörflichen Bausubstanz geschaffen.

Nachbarschaftshilfe unter den Jugendlichen wird groß geschrieben. Hilfst Du mir, so helfe ich Dir, ist in Fischbach nicht nur ein Spruch, sondern er wird aktiv vorgelebt. So konnten sich die mittlerweile verheirateten jungen Leute zu erschwinglichen Preisen ansehnlichen Wohnraum schaffen. Inzwischen haben manche schon selbst kleine Kinder. Der Kreislauf könnte von neuem beginnen.

Interessant ist, daß in Fischbach Ziele der Dorferneuerung bereits beispielhaft durchgeführt wurden, bevor das Dorf in die Dorferneuerung aufgenommen wurde. Das Dorferneuerungsprogramm gibt nun die Chance, mit Bauzuschüssen unter anderem aus dem Programm "Scheunen zu Wohnraum" auf schon Vorhandenem aufzubauen. Dies hat den Vorteil, daß die Baukosten für junge Leute preiswerter sind, als wenn man auf einem neu erschlossenen

Grundstück bauen würde. Hinzu kommt, daß der dorftypische Charakter und Lebensraum nicht durch die Erschließung neuen Baulandes verlorengeht, was in zahlreichen Dörfern leider geschehen ist.

Auch ist es für die Gemeinde preiswerter, Wohnraum in der vorhandenen Bausubstanz zu schaffen, als auf der grünen Wiese Bauland zu erschließen mit all den Kosten für die Infrastruktur.

Ein Dorf lebt mit der Jugend, aber es stirbt, wenn die Jugend das Dorf verläßt. Die Rahmenbedingungen für ein Dorf mit Zukunft zu schaffen ist eine Aufgabe des Dorferneuerungsprogrammes, welches sich Fischbach gestellt hat und als Dorfidee versteht.

Junges Wohnen in Fischbach/Aus der Sicht von Matthias Osterberg

In vielen strukturschwächeren Regionen kommt es gerade bei jüngeren Menschen oft zu einer Landflucht und Abwanderung in die Städte.

Diese Entwicklung ist in Fischbach glücklicherweise nicht eingetreten. Dies liegt einerseits an der relativen Nähe des Rhein-Main-Gebietes, seines Arbeitsplatzangebotes und der heutzutage großen Mobilität der jungen Leute. Andererseits wollen die jungen Menschen Fischbach auch gar nicht verlassen, und dies aus vielerlei Gründen.

Im Vorfeld zum Dorferneuerungsprogramm wurde ein Film über die Situation junger Menschen in Fischbach gedreht. Dazu wurden Zukunftsperspektiven eröffnet. Von fast allen - zumeist jungen Paaren - wurde die hohe Wohnqualität in Fischbach hervorgehoben, darunter besonders die "noch intakte Umwelt", die ausgesprochen ruhige Lage (Entspannung von der "hektischen" Stadt und vom Arbeitsplatz) und das "Zusammengehörigkeitsgefühl" der Fischbacher.

Sehr wichtig ist Eltern und werdenden Eltern die Atmosphäre und Umgebung, in denen ihre Kinder aufwachsen können, zumal in naher Zukunft - im Rahmen des Dorferneuerungsprogramms - vielleicht ein Kindergarten in der Fischbachhalle eingerichtet wird.

Problematisch war und ist es, notwendigen Wohnraum in Fischbach zu schaffen, da die finanziellen Mittel - gerade bei jungen Menschen, die noch nicht lange im Berufsleben stehen - doch sehr eingeschränkt sind. Dennoch konnten durch eine erstaunliche Vielfalt an Eigeninitiativen bestehende ungenutzte Gebäude oder leerstehende Dachgeschosse in Wohnraum umgewandelt werden. So wurden z.B. ein Schweinestall, eine alte Scheune und ein Speicher umgebaut und dienen heute als Wohnungen. Der vielerorts zu beobachtenden "Vergreisung" abgelegener Dörfer und Ortschaften kann durch solche Maßnahmen sehr effektiv entgegengewirkt werden.

Sehr erfreulich in dieser Hinsicht ist auch die derzeit hohe Geburtenrate in Fischbach. Ein so kleiner Ort wie Fischbach ist in seiner Infrastruktur und auch für die Zukunft der örtlichen Vereine doch sehr stark auf Nachwuchs angewiesen. Diesen jungen Familien und auch anderen jungen, interessierten Menschen gilt es, ausreichend Wohnraum zu schaffen. Dazu kann auch das Dorferneuerungsprogramm beitragen, welches die Errichtung von Wohnraum finanziell unterstützt.

Es ist zu hoffen, daß Förderungen des Dorferneuerungsprogramms wahrgenommen und noch anderweitig Initiativen zur Wohnraumbeschaffung ergriffen werden, um den jüngeren Generationen eine Basis in Fischbach zu bieten, denn "die Jugend ist der Motor eines Dorfes."

Fischbachhalle / Zentrum dörflichen "Lebens"

Scheunen zu Wohnraum

Die Umgestaltung von Scheunen, die ihren Funktionswert verloren haben, zu Wohnungen, wird wie die vorstehenden Berichte zeigen, in Fischbach praktisch vorgeführt. Deshalb unterstützt Fischbach auch die Aktivitäten der Landesregierung, insbesondere von Minister Jordan, die Schaffung neuer Wohnungen in ländlichen Gebieten durch die Umwandlung von Scheunen zu verwirklichen.

"Wir müssen die natürliche Vielfalt und Schönheit des ländlichen Raumes erhalten, seine wirtschaftliche Kraft stärken und gleichzeitig für mehr Wohnqualität sorgen. Denn nur so stoppen wir die Landflucht der Menschen und sichern damit die Lebens- und Überlebensfähigkeit der Regionen außerhalb der Ballungszentren", sagte Minister Jordan in Fischbach bei der Übergabe des Bewilligungsbescheides zur Dorferneuerung. Dies bestätigt, daß die Fischbacher auf dem richtigen Weg sind! Denn der Umbau alter, nicht mehr gebrauchter Scheunen, in neue, dringend notwendige Mietwohnungen, ist eine sinnvolle Nutzung vorhandener Substanz und gleichzeitig eine Chance, die Wohnungsnot einzudämmen!

Kindergarten in Fischbach? /Argumente die überzeugen

Fischbach ist kein sterbender Ort, aus dem sich die Jugend zurückzieht, ganz im Gegenteil, junge Familien bleiben im Ort bzw. siedeln sich an. Aus diesem Grunde besteht ein dringender Bedarf an Kindergartenplätzen, die zur Zeit in der Kreisstadt Bad Schwalbach nicht im ausreichenden Maße vorhanden sind.

Der Arbeitskreis Soziales hat diesbezüglich eine Elternbefragung durchgeführt und die betroffenen Eltern von Kindern unter sechs Jahren zusätzlich an einem Elternabend befragt.

Als Gründe für einen Kindergarten in Fischbach wurden genannt:

- 65% Zuschuß, weil Fischbach im Dorferneuerungsprogramm ist!
- Kosten, Streß und Gefahrenpotential durch täglich zwei notwendige Busfahrten!
- Flexiblere Öffnungszeiten vor Ort helfen Kosten sparen!
- 7.00 - 13.00 Uhr wäre optimal für berufstätige Mütter. Halbtags berufstätige Mütter müßten keinen Ganztageskinderplatz beanspruchen (falls überhaupt vohanden!). Dies spart Folgekosten!!
Zur Zeit kann keine Mutter, die in Wiesbaden halbtags beschäftigt ist, in Bad Schwalbach ihr Kind in einen städtischen Kinder-

garten bringen!
- Kinder aus den Nachbarorten Langenseifen und Ramschied könnten betreut werden (Bedarf vorhanden)!
- Durch nur zwei Betreuungsgruppen günstige Folgekosten und Entlastung der derzeitigen Kinderbetreuungseinrichtungen in Bad Schwalbach und Kostenminderung durch weniger Gruppen in Hettenhain!

Dies sind natürlich mehr als überzeugende Argumente, die für einen Kindergarten in Fischbach sprechen.

Den Magistrat, die Stadtverordneten, den Haupt- und Finanzausschuß, die Verwaltung, den Bürgermeister, die im Stadtparlament vertretenen Parteien, die Ortsbeiräte bittten wir, unter den oben genannten Gründen der preiswertesten Lösung eines Kindergartens in Fischbach zuzustimmen.

Und nochmals sei daran erinnert, der 65%igen Zuschuß aus dem Dorferneuerungsprogramm war mit die Initialzündung, in Fischbach einen Kindergarten zu planen.

Zu der Dorfidee Fischbach gehört, daß die Jugend, die jungen Familien, im Dorf bleiben, und dazu gehört auch ein Kindergarten!

Fischbacher Kindergarten (1945)
In der Bildmitte Kindergärtnerin Hilde Mernberger

Dorferneuerung im Spiegel der Presse

Ganz Fischbach arbeitet schon an der Dorferneuerung

FISCHBACH Der Dorferneuerung einen großen Schritt nähergekommen ist der Bad Schwalbacher Stadtteil Fischbach. Denn der Magistrat der Stadt hat Fischbach nun endlich für die Dorferneuerungsplanung beim Land Hessen angemeldet. Das sei zwar „noch nicht die Aufnahme in das Dorferneuerungsprogramm", betont Ortsvorsteher Herbert Mernberger, doch sei man jetzt kurz davor. Umso intensiver stürzt man sich im sowieso schon rührigen Fischbach nun in die Arbeit.

Doch kurz zur Vorgeschichte: Seit Jahren schon bemühen sich Adolfseck und Fischbach um die Aufnahme in das Dorferneuerungsprogramm. Doch nie wurde eine Entscheidung gefällt, zum Leidwesen beider Orte. Zumal die Stimmung dadurch nicht besser wurde. Aufgrund der Erfolge Fischbachs beim Landeswettbewerb „Unser Dorf soll schöner werden", entschloß man sich im zuständigen Landesamt für Landentwicklung in Wiesbaden, Fischbach in eine ganz neue Vorlaufphase für die Dorferneuerung aufzunehmen: Eine Soziologin, Jutta Elfner aus Frankfurt, machte Feldforschung im Ort, entwarf danach eine Projektskizze zur Fortsetzung der dörflichen Gemeinwesenarbeit in Fischbach. Diese Arbeit, der vom Landesamt vorgelegte Leistungsumfang einer Dorfentwicklungsplanung Fischbach und die Möglichkeit für Privatleute, vom Land Zuschüsse zu erhalten, sollen noch im September in einer Bürgerversammlung vorgestellt werden.

Bis dahin werden auch die vier Arbeitskreise, die in Fischbach zur Vorbereitung der Dorferneuerung ihre Arbeit schon aufgenommen haben, noch weit mehr Ideen und bereits Erreichtes vorweisen können. Den Arbeitskreis „bauliche Veränderungen" führt der Ortsvorsteher selbst, den privaten wie auch den öffentlichen Bereich muß diese Gruppe bedenken. Sie plant die Einrichtung eines kleinen Museums (Mernberger: „Keine Konkurrenz zu Langenseifen") am Ehrenmal, den Ausbau des Feuerwehrgerätehauses, die Verstärkung der Mittelpunktfunktion des Bolzplatzes durch den Bau eines Blockhauses und einen Anbau an die Fischbachhalle. Fischbachhalle und Museum sind auch schon für den Haushalt 1992 angemeldet.

Bei privaten Vorhaben steht der Ansatz der Dorfjugend im Vordergrund, nach Möglichkeiten zu suchen, daß die jungen Leute Fischbachs im Ort bleiben können. Gedacht sei beispielsweise an die Schließung von Baulücken und den Ausbau von Dachgeschossen oder alten Scheunen zu Wohnzwecken. Mittelfristig würde man gerne auch etwas mehr Gewerbe ansiedeln. Denn Fischbach bietet für seine 380 Einwohner gerade einmal 14,5 Arbeitsplätze an. Laut Ortsvorsteher müssen 95 Prozent aller Arbeitnehmer pendeln.

Schwerpunktmäßig soll sich der Arbeitskreis Kultur unter der Leitung von Alexander Taitl um das Museum kümmern. Desweiteren wird schon an einem kleinen Heimatbüchlein gearbeitet, Veranstaltungen sind vorgesehen, Wanderwege werden markiert, ein Raum für den Jugendclub gesucht. Zum Sauerbrunnen soll ein neues Schild weisen auf dem auch zu lesen sein wird, was das gute Wasser denn tatsächlich enthält.

Der Arbeitskreis Soziales unter der Leitung von Alexandra Barzel hat sich ebenfalls den Jugendclub zur Aufgabe gemacht, ihm sollen endlich vernünftige Räume zur Verfügung gestellt werden. Aber man hofft auch auf einen Treffpunkt für Kleinkinder und die Senioren des Ortes, will zur weiteren Integration der Ausländer beitragen. Für einen neuen Spielplatz hat man bereits ein Sparbuch angelegt, der Erlös stammt vom jüngsten Flohmarkt. Zunächst einmal gescheitert sind die Bemühungen, im Ort wieder einen Dorfladen zu eröffnen. Doch will man auch dieses Vorhaben nicht aus den Augen verlieren.

Der Arbeitskreis Ökologie unter der Leitung von Achim von Sundahl will die landschaftlichen Resourcen Fischbachs für die Zukunft bewahren. Das sind in erster Linie die Naturschutzgebiete mit seltenen Vorkommen von Wacholder, Speierling und alten ausgewilderten Obstbäumen, aber auch Trockenrasen. Neue Streuobstwiesen sollen angepflanzt werden, das Ufer des Grambachs teilweise rückgebaut werden. Die Freileitung der MKW soll aus dem Tal verschwinden und in der Trasse des Abwassersammlers verlegt werden. Und schließlich plant man in Fischbach auch noch die langfristige Nutzung der Hausklärgruben als Regenwassersammler, „wo technisch möglich", so Sundahl.

Also Arbeit genug für alle Fischbacher. Zumal der Ort in diesem Jahr auch wieder an „Unser Dorf soll schöner werden" teilnimmt. Die Jury kommt wohl am 13. August. Vielleicht erfüllt die Stadt bis dahin ja den größten Wunsch der Fischbacher: Ein Hinweisschild von Bad Schwalbach auf „seinen" Stadtteil Fischbach.   mg

Wiesbadener Kurier vom 6/7 Juli 1991

„Ortsidee" ist in Fischbach kein Fremdwort mehr

FISCHBACH Mit derzeit 375 Bürgern ist Fischbach der zweitkleinste Ortsteil von Bad Schwalbach. So war es schon erstaunlich, was engagierte Arbeitskreise bei einem Informationsgespräch mit über 50 am Dorfgeschehen aktiv Beteiligten bezüglich des erhofften Dorferneuerungsprogrammes in der Fischbachhalle dem Bürgermeister, Vertreter des Magistrates, der Verwaltung und des Amtes für Landwirtschaft und Landesentwicklung vortrugen. Nachdem Fischbach bereits viermal sehr erfolgreich am Wettbewerb „Unser Dorf soll schöner werden" teilgenommen hat und in diesem Jahr wieder daran teilnimmt, verspricht man sich nun auch gute Chancen zur Aufnahme in das Dorferneuerungsprogramm.

Schon beim Betreten der Fischbachhalle konnte man die zahlreichen Vorschläge der aktiven Arbeitskreise Kultur, bauliche Veränderungen, Soziales und Ökologie an großen Stellwänden bewundern. Die Darstellung reichte vom Heimatmuseum im alten Saat- und Trockengebäude, über sanften Tourismus, Heimatbuch, neue Wanderwege, der Natur angepaßte ökologische Vorhaben, Dorfverschönerung, Erhaltung der dörfischen Struktur, konkrete Pläne über die Neugestaltung der Bolzplatzhütte mit zeitgemäßem Spielplatz bis hin zur Nutzung der stillzulegenden Klärgruben. Nachdem Ortsvorsteher Herbert Mernberger die Gäste begrüßte und Bürgermeister Günter Janisch seine Bewunderung über die Präsentation der Arbeitskreise zollte, sprach Wolfgang Mohr vom Amt für Landwirtschaft und Landesentwicklung über den Werkvertrag von Jutta Elfner mit dem Thema „Informations-, Beratungs- und Motivationsphase im Zusammenhang mit dem Wettbewerb „Unser Dorf soll schöner werden" mit Auswirkungen auf das Dorferneuerungsprogramm.

Frau Elfner hatte versucht, daß sich in Fischbach eine „Ortsidee" entwickelt, was ihr auch gelungen ist. Das Land Hessen hatte Fischbach für das Pilotprojekt ausgesucht. Jutta Elfner skizzierte ihren Abschlußbericht und betonte, daß sich die Fischbacher Jugend im Dorf aktiv am Dorfleben mit Veranstaltungen, ökologischen Beiträgen engagiere und im Dorf weiterhin wohnen möchte. In ihrer Untersuchung kommt sie zu dem Schluß, daß sich Fischbach für eine Dorferneuerung beziehungsweise eine modellhafte Projektarbeit anbietet. In einem anschließenden Dia-Vortrag wurden Vorschläge für eine Dorfverschönerung beziehungsweise Dorferneuerung konkret dargestellt. In einem viel beachteten Filmbeitrag, vorgeführt von Dirk Schönberger, zeigte der Jugendclub die räumlichen Wohnprobleme der Fischbacher Jugend, aber auch eindrucksvoll konkrete Lösungsvorschläge und Beispiele, wie man neuen Wohnraum im gewachsenen Ortsbild schaffen kann, ohne ein Neubaugebiet zu erschließen. Übereinstimmend erklärten Bürgermeister Günter Janisch und Wolfgang Mohr abschließend ihr unumwundenes Lob für die Präsentation und Ideenvielfalt. Aufgrund der vielfältigen Initiativen erwarten nun die Fischbacher nach acht Jahren bangen Wartens, endlich einen positiven Bescheid bezüglich der Aufnahme ins Dorferneuerungsprogramm. WK

Wiesbadener Kurier vom 7. März 1991

Vordringlichste Aufgabe ist die Dorferneuerung

Fischbachs Ortsbeirat rief Planungsbeirat ins Leben

me. BAD SCHWALBACH-FISCHBACH — Die jüngste Ortsbeiratssitzung in Fischbach beschäftigte sich mit dem bevorstehenden Dorferneuerungsprogramm. Die offizielle Bewilligung durch das zuständige hessische Ministerium ist in den nächsten Wochen zu erwarten. Deshalb hat der Ortsbeirat in seiner jüngsten Sitzung einen Planungsbeirat ins Leben berufen.

Sowohl Ortsbeiratsmitglieder als auch Teilnehmer der bereits gebildeten Arbeitskreise sollen im Planungsbeirat vertreten sein. Dieses neue Gremium soll eine enge Zusammenarbeit mit der Stadt und dem Planungsbüro ermöglichen. „Vor allem sollen die Arbeitskreise in einem Konzept zusammengeführt werden", betonte Ortsvorsteher Herbert Mernberger.

Die Abstimmung der verschiedenen Aktionen soll der Planungsbeirat übernehmen. „Dabei sollen solche Maßnahmen, die im allgemeinen Interesse liegen, in den Mittelpunkt gerückt werden", erläuterte Mernberger, dem die Leitung des Planungsbeirates übertragen wurde. Aus dem Ortsbeirat werden zudem noch Rudi Walter und Günther Walter vertreten sein.

Aus den Arbeitskreisen wurden Wolfgang Berghäuser, Richard Keiper und Olaf Krebs (vom Arbeitskreis „bauliche Veränderungen") sowie Alexander Taitl und Eva-Maria Schneider (vom Arbeitskreis „Kultur"), Achim vom Sundahl und Matthias Osterberg („Ökologie") sowie Ulrike Karlik und Eva Weigel-Knahl („Soziales") in den Planungsbeirat berufen.

Außerdem meldete der Ortsbeirat Maßnahmen für das Investitionsprogramm 1993 bis '96 an. „Diese Planungen sind abhängig davon, ob wir die Förderung im Zuge des Dorferneuerungsprogrammes bekommen", betonte Mernberger.

An oberster Stelle der Planungsliste steht bei den Fischbachern der Anbau an die Fischbachhalle. Ein Geräteraum wird dringend benötigt, da bei Tanzveranstaltungen die Sportgeräte im Wege sind, während der Sportstunden aber die Stühle. Ein Abstellraum würde dieses Problem lösen.

Die Gestaltung des Ortsmittelpunktes liegt den Fischbachern sehr am Herzen. Neugestaltung des Ehrenmales, Gestaltung des städtischen Gebäudes an der Rheingauer Straße, Neugestaltung des Platzes vor dem Feuerwehrgerätehaus und dorfgerechte Straßenlampen im Ortskern gehören dazu. Zudem soll die Ortsdurchfahrt verkehrsberuhigt werden.

Eine Heimatbroschüre mit einer Chronik Fischbachs, der Bau einer Schutzhütte an der Kleinsportanlage, der Ausbau des Fischbaches und die Verlegung des Kinderspielplatzes sind weitere Maßnahmen, die von den Fischbachern in den kommenden Jahren angestrebt werden.

Leidiges Thema ist die Beschilderung: Die Aufnahme auf die gelben Schilder an der Bäderstraße und in der Bad Schwalbacher Reitallee sind nicht möglich. Ein weißes Schild ist beim Landrat beantragt, Bürgermeister Janisch hatte bis zum Wochenende noch keine Nachricht erhalten.

Aar-Bote vom 3. Februar 1992

Ein großer Tag für Fischbach

Minister Jordan überbrachte Bewilligungsbescheid fürs Dorferneuerungsprogramm

ps. BAD SCHWALBACH-FISCHBACH — Es herrschte zwar kein Kaiserwetter in Fischbach, aber dennoch hatte sich am Samstagmittag hoher Besuch im Ort angesagt: Hessens Landwirtschaftsminister Jörg Jordan hatte es sich nicht nehmen lassen, Ortsvorsteher Herbert Mernberger eigenhändig den Bewilligungsbescheid für die Aufnahme in das Dorferneuerungsprogramm zu überreichen! In der Fischbachhalle hatten sich dazu neben zahlreichen Vertretern der städtischen Gremien, an der Spitze Bürgermeister Günter Janisch, auch viele Ortsansässige eingefunden, die dieses denkwürdige Ereignis nicht versäumen wollten.

Fischbachs Ortsvorsteher Mernberger begrüßte den hohen Gast aus Wiesbaden, der im Ort kein Unbekannter ist, kauft er doch des öfteren bei Bauer Dörr vom Hof Fischbach ein. Mernberger verwies darauf, daß sich der heute rund 390 Einwohner zählende Ort (darunter rund 30 Asylanten aus dem Iran, Libanon und Kurdistan) bereits vor zehn Jahren mit dem Thema Dorferneuerung befaßt und um die Aufnahme in das entsprechende Programm des Landes Hessen bemüht habe, und er froh darüber sei, daß dieser Wunsch jetzt endlich in Erfüllung gegangen sei.

Mernberger verwies unter anderem auf die Aktivitäten der Arbeitskreise Kultur, Ökologie, Soziales und Bauliche Veränderungen, die im Vorraum der Fischbachhalle auf großen Tafeln ihre bisherige Arbeit und ihre Wünsche für die Zukunft dokumentiert hatten.

Landwirtschaftsminister Jordan, der als Geschenk von Mernberger einen mit Fischacher Wasser gefüllten Bembel und ein Brot erhielt, betonte, daß die Entscheidung für Fischbach nicht zuletzt deswegen gefallen sei, weil hier bereits im Vorfeld der Dorferneuerung von der Bürgerschaft Aktivitäten in diese Richtung entfaltet worden seien.

Wichtig sei es, deutlich zu machen, daß es sich bei dem Dorferneuerungsprogramm nicht in erster Linie um Investitionen im Baubereich handelte, sondern vielmehr um eine Unterstützung der Dorfgemeinschaft, die durch die Rückbesinnung auf ihre eigenen Kräfte auch die Zukunft des Ortes sichern helfen können.

Minister Jordan: „Im Grundsatz handelt es sich hier um ein sehr demokratisches Programm, denn niemand wird gezwungen, sich daran zu beteiligen." Das Land Hessen leiste hier lediglich Hilfe zur Selbsthilfe. Hier könne gezeigt werden, „daß es sich lohnt, sich gemeinsam um den Ort zu kümmern", so Jordan.

Zur Zeit fördere das Land Hessen 240 Schwerpunkte, wobei in 95 Pro-

Aar-Bote vom 11. Mai 1992

zent der Fälle vorzeigbare Ergebnisse am Ende des Prozesses stünden. Das Erbe der älteren Generationen zu bewahren und die Zukunft des Ortes zu sichern, „damit die Vergangenheit eine Zukunft hat", sei einer der Leitgedanken des Dorferneuerungsprogrammes, so Jordan.

Der Minister nannte drei Schwerpunkte, in denen das Land im Rahmen des Dorferneuerungsprogrammes neue Akzente setzen wolle. Durch den Wegfall der Großfamilie gerieten immer mehr ältere Leute auch in den Dörfern ins Abseits. Hier gelte es, Anstöße zu geben, daß dieser Personenkreis im Dorf bleibe.

Der zweite Schwerpunkt betreffe das Wohnen, denn selbst fern der Ballungszentren werde es insbesondere für jüngere Leute immer schwerer, bezahlbaren Mietwohnraum zu finden. Jordan: „Deshalb wollen wir auch im ländlichen Raum den Mietwohnungsbau fördern, etwa dadurch, daß wir Gelder zum Umbau nicht mehr genutzter landwirtschaftlicher Gebäude zu Wohnzwecken zur Verfügung stellen."

Und zum dritten finanziere das Land Beratungsstunden, auch technischer Art. Der Minister: „Wir wollen dem Bürger die Schwellenangst vor dem Architekten nehmen". Durch die (kostenlose) Beratung innerhalb des Dorferneuerungsprogrammes werde die Entscheidungsfindung privater Hausbesitzer, ob sie sich an diesem Programm beteiligen wollten, erleichtert.

Der Minister hatte nicht nur den Bewilligungsbescheid mit nach Fischbach gebracht, sondern auch einen Scheck über 5800 Mark für den Arbeitskreis Kultur, den dessen Leiter Alexander Taitl zweckgebunden für die Herstellung einer neuen Ortsbroschüre „Fischbach — ein Dorf mit Zukunft" erhielt.

Moderatorin Jutta Elfner berichtete sodann über die Aktivitäten der vier Arbeitskreise und die von ihnen erarbeiteten Zukunftsperspektiven für den Ort, „der nicht nur Ruhe und Geborgenheit bieten, sondern sich auch fortentwickeln soll", so Jutta Elfner.

Sie verwies darauf, daß viele junge Leute in Fischbach bleiben wollten (was diese auch in einem später gezeigten Film deutlich zum Ausdruck brachten), denen man dann auch attraktive Möglichkeiten bieten müsse. So ist beispielsweise an eine Aufstockung der Fischbachhalle gedacht, um hierin Jugendräume zu schaffen, die gegenwärtig nicht vorhanden sind. An die Halle selbst soll in Richtung Ortsausgang noch ein Anbau kommen, in dem Geräte aufbewahrt werden sollen.

In Fischbach gibt es seit zirka einem Jahr keinen Laden mehr. Hier ist daran gedacht, ein eigenes Ladenmodell zu entwickeln, „in dem dann auch der Minister einkaufen kann, wenn er vom Bauern Dörr kommt", meinte Jutta Eifner, deren Aufgabe es in den kommenden Wochen und Monaten sein wird, mit den Bürgern daran zu arbeiten, wie ihre Ideen verwirklicht werden können.

Aar-Bote vom 11. Mai 1992

Verbesserungen am Idyll
Vorschläge der vier Arbeitskreise zur Erneuerung

Das Leben in Fischbach sei „ruhiger und geselliger" als in der Stadt, formulierten junge Fischbacher, die einen Film über ihr Dorf gedreht hatten. Der etwa 30 Minuten lange Streifen war eine Liebeserklärung an ihre Heimat und an ein Idyll, das es augescheinlich noch zu geben scheint. Fischbach sei nicht, so der Kommentar der Jugendlichen zu ihren Video-Aufnahmen, „das sogenannte letzte Kaff": Weil nämlich die Nähe zum Rhein-Main-Gebiet das „Zusammenspiel von Beruf und Freizeit" garantierte.

Das Idyll freilich ist nicht perfekt, sondern verbesserungswürdig. In Dias zeigten die Arbeitskreise „Ökologie", „Kultur", „Soziales" und „Bauliche Veränderungen", wo überall angesetzt werden könnte. Punkte waren unter anderem: Verkehrsberuhigung in verschiedenen Straßen, vor allem aber an den Ortseingängen; die Aufstockung der Fischbachhalle und die Einrichtung von Jugendräumen dort; die Einrichtung eines Heimatraumes und die Gestaltung eines Dorfplatzes; die Sanierung alter Fachwerkhäuser, die heute als solche nicht mehr zu erkennen sind; die Freilegung des Baches, der in Beton gefaßt ist; die Pflasterung eines Platzes vor dem Feuerwehrgerätehaus; die Nutzbarmachung einer Quelle für die Feuerwehr und für einen Dorfbrunnen; oder auch die Verlegung des Spielplatzes an den Bolzplatzes.

Besondere Aufmerksamkeit verdient dabei der Vorschlag, einen Dorfladen einzurichten: Ein Experiment, daß in Hessen bislang nur zweimal angepackt wurde. Moderatorin Jutta Elfner, die unter anderem die Idee des Ladens mit entwickelte, stellt sich ein Geschäft vor, an dem möglichst alle Dorfbewohner Anteile zeichnen und sich „somit verpflichten, dort einzukaufen" — weil bei einem Mißlingen des Experimentes auch die Anteile verloren gingen.

Auch Verkäuferinnen und Verkäufer des Ladens könnten Fischbacher selbst sein. Das Geschäft müßte sich selbst tragen, seine Einrichtung dagegen könnte vom Land Hessen im Rahmen des Dorferneuerungsprogrammes bezuschußt werden.

Ein Probelauf findet am 29. August statt. Dann werden auf einem Dorfmarkt heimische Produkte verkauft. Ist der Absatz groß, wird dies auch als Zeichen dafür gewertet, daß ein Drofladen sich halten könnte.

Wiesbadener Kurier vom 11. Mai 1992

Treibende Kräfte der Dorferneuerung

Fischbacher Arbeitskreise

Am 22.10.1990 wurden im Rahmen einer Vorstudie zur Dorferneuerung in Fischbach, mit deren Erstellung Jutta Elfner-Storck beauftragt worden war, 4 Arbeitskreise gebildet. Hauptaufgabe dieser Arbeitskreise ist über Verbesserungen und Neuerungen in unserem Fischbach nachzudenken und dafür möglichst viele Bürgerinnen und Bürger zu motivieren.

Es war und ist sehr wichtig, daß auch diejenigen sich angesprochen fühlen, die sich bis zu diesem Zeitpunkt noch nicht veranlaßt gefühlt haben, sich in unserer Dorfgemeinschaft zu betätigen. Es ist auch schon zum Teil gelungen, doch sind wir nach wie vor für jeden neuen rührigen Bürger dankbar, der sich an unserer Arbeit beteiligen möchte.

Die Arbeitskreise sind nicht für einen kurzen Zeitraum gebildet worden, sondern sie sollen auf Jahre hinaus zum Wohle unseres Dorfes tätig sein und sich auch ständig im Personenkreis erweitern und erneuern.

Die 4 Arbeitskreise sind:

1. Bauliche Veränderungen   Leitung: Herbert Mernberger

Er wird derzeit unterstützt von Wolfgang Berghäuser, Olaf Krebs, Hermann Ober, Peter Schneider, Richard Keiper, Harald Keiper u. Dirk Schönberger.

Ziele dieses Arbeitskreises sind unter anderem:
- An- und Ausbau der Fischbachhalle
- Erneuerung der Außenanlagen des Feuerwehrgerätehauses
- Umbau und Gestaltung der Kreuzung Ochsenberg/Rheingauer Straße
- Umbau des ehemaligen Saatreinigungsgebäudes zu einer Art Dorfmuseum, unter Einbeziehung des ehemaligen Ehrenmalplatzes.
- Neugestaltung unseres "Dalles"

- dorfgerechte Straßenlampen im Ortskern
- Verlegung der Bolzplatzhütte (mit Wasser- und Stromanschluß)
- Erneuerung der Außenanlagen Bolzplatz u. Container-Standplatz
- verkehrsberuhigende Maßnahmen
- Verbesserungen an den Ortseingängen
- Zugang zu neugeplantem Spielplatz
- Umgestaltung alter Kinderspielplatz

2. Arbeitskreis Kultur　　　　Leitung: Alexander Taitl

Alexander Taitl wird hauptsächlich unterstützt von Evi Schneider, Annerose Walter, Johanna Krebs, Gabi Mernberger und Irena Taitl.

Dieser Arbeitskreis hat sich u. a. folgende Aufgaben gestellt:
- Neubelebung und Festigung des dörflichen Zusammengehörig-
- keitsgefühls (z.B. gemeinsame Veranstaltungen aller Arbeitskreise und Vereine wie die wieder belebte Fassenachtveranstaltung, der erstmals veranstaltete Dorfmarkt und interessante Vorträge.
- Mitarbeit an einer Wanderkarte mit neuen Rundwanderwegen um Fischbach (bereits geschehen, veröffentlicht 1992)
- Markierung von Wanderwegen
- Mitarbeit an einer neuen farbigen Fischbacher Ansichtskarte (Fertigstellung Nov. 1991)
- Dezember 1992 Herausgabe der Broschüre: Dorferneuerung Fischbach/Eine Dorfidee mit Zukunft
- Einrichtung eines Heimatraumes
- Theateraufführung
- Kontakte zu unseren ausländischen Mitbürgern und deren Einbeziehung in unsere dörfliche Gemeinschaft. Der Arbeitskreis ist aber gegen einen weiteren Zuzug von Asylbewerbern in das Dorf.
- Koordinierung der Fischbacher Vereinsaktivitäten, Leitung der gemeinsamen Arbeitssitzungen aller Vereine

3. Arbeitskreis Ökologie　　　Leitung: Achim von Sundahl

Derzeitiger Mitarbeiter ist Matthias Osterberg

Fischbacher Dorfmarkt
Nur lokale Produkte im Angebot

BAD SCHWALBACH — Der Bad Schwalbacher Ortsteil Fischbach lädt am Samstag, 19. September, von 11 bis gegen 16 Uhr, zu einem Dorfmarkt ein. Interessant dabei ist, daß nur Produkte des Dorfes Fischbach angeboten werden. Auf Fremdanbieter will man bewußt verzichten, um die dorftypischen Produkte hervorzuheben. Und das vorgesehene Angebot weckt Interesse. So sollen, Schafsfelle, Mineralien, selbst gebackenes Steinofenbrot vom Biohof Fischbach, frisch gepreßter Apfelmost, Fischbacher Apfelwein, Sauerbrunnenwasser, Kartoffeln, Pflaumen, Äpfel, selbstgemachte Marmelade, Honig, Bauernmalerei, Puppen, Trockenblumensträuße und Figuren aus Salzteig u. a. angeboten werden.

Auf die heimischen Gerichte darf man ebenso gespannt sein wie auf die Ausstellung alter Bauerngeräte, die Darbietungen der freiwilligen Feuerwehr und der ortsansässigen Vereine. Ein Flohmarkt, der dies und das aus Keller, Schuppen, Scheune und Dachboden präsentiert, rundet das Angebot ab. Für die jüngeren Besucher gibt es einen Kinderflohmarkt, sowie Spielmöglichkeiten und Malen unter Anleitung.

Eine neue Wanderkarte und Postkarte soll die Besucher anregen, den Dorfmarktbesuch mit einer Wanderung der schönen Fischbacher Umgebung zu verbinden. Fischbach selbst wurde mehrfach beim Landeswettbewerb „Unser Dorf soll schöner" werden prämiert. Fischbach ist über die Bundesstraße 260, an der Ampel-Abzweigung Richtung Lorch-Langenseifen, von dort aus beschildert zu erreichen. Der Dorfmarkt findet vor der Fischbachhalle statt, bei schlechter Witterung in der Halle. Veranstaltet wird er von allen Fischbachern Vereinen, Arbeitskreisen und dem Ortsbeirat. Näheres vom Arbeitskreis Kultur, Alexander Taitl, Telefon (0 61 24) 92 01.

Großer Andrang herrschte am Samstag, dem 19. September, beim 1. Fischbacher Dorfmarkt. Vorankündigung: Untertaunus Wochenblatt vom 17.9. 1992

Die Arbeit dieses Kreises besteht momentan noch in:
- Aufklärung und Information z. B. über Nutzung von stillgelegten Klärgruben, ökologisch ausgelegte Haushalte, Energiealternativen
- Organisieren von Vorträgen z. B. über die Wasserqualität des Fischbaches und des Grambachs sowie über Allergien und ihre Auslöser
- Anregungen zu der Fischbacher Streuobstwiese
- Renaturierung des Fischbaches u.s.w.

4. Arbeitskreis Soziales   Leitung: Alexa Barzel

Ihre Mitstreiterinnen sind Ulrike Karlik, Ingelore Wiechers, Silvia Ober und Eva Weigel-Knahl. Des weiteren wird der Arbeitskreis durch zahlreiche Fischbacher Frauen unterstützt, die sich für den geplanten Fischbacher Kindergarten stark machen wollen.

Diese Gruppe setzt sich vorwiegend ein für:
- Kindergarten in Fischbach (siehe gesonderten Artikel)
- Jugendraum
- kindgerechterer Spielplatz mit neuem Standort am Bolzplatz
- Ermittlung von Bedürfnissen der älteren Generation, wie auch der Jugend
- Fragebogenaktionen im Zusammenhang von Kindergarten und Dorfladen

Anmerkung: Die Mitglieder der vier Arbeitskreise erhalten oft zusätzliche Hilfe von engagierten Fischbacher Bürgerinnen und Bürgern. Diesen sei an dieser Stelle auch gedankt!

Ein Teil der Aufgaben dieser Arbeitskreise ist schon ausgeführt, ein anderer Teil ist schon begonnen worden, doch alle Aufgaben sind bei der Planung für die folgenden Jahre berücksichtigt.
   Jedes der Arbeitskreismitglieder verrichtet seine Arbeit ehrenamtlich und alle Arbeiten mit großem Einsatz.
   Vielleicht bewirkt es das Wissen, daß man in einem kleinen Dorf noch etwas bewegen kann, was in der Stadt schwieriger ist, daß sich keiner nutzlos zu fühlen braucht und daß es einfach schön ist, in einer kleinen gewachsenen Dorfgemeinschaft zu leben und etwas für deren Wohl zu tun.
   Evi Schneider

Der Fischbacher Bolzplatz: Seine Mittelpunktfunktion soll verstärkt werden. Siehe auch Seite 23!

Gestaltungsvorschlag: Pergola am Fischbachaustritt – Perspektive: Blick auf Schutzhütte und Bolzplatz

Der Fischbacher Ortsbeirat - 20 Jahre jung

Aufgrund der Hessischen Gemeindeordnung ist für jeden Ortsbezirk ein Ortsbeirat einzurichten. Die Mitglieder des Ortsbeirates werden von den Bürgern gleichzeitig mit den Gemeindevertretern/ Stadtverordneten gewählt.

- Der Ortsbeirat ist zu allen wichtigen Angelegenheiten, die den Ortsbezirk betreffen, zu hören.
- Der Vorsitzende trägt die Bezeichnung Ortsvorsteher. Den Ortsvorstehern der Bad Schwalbacher Stadtteile ist gleichzeitig die Leitung der Außenstellen übertragen worden, was bedeutet, daß sich die Bürger in den meisten Fällen den Gang bzw. die Fahrt zum Rathaus in der Kernstadt ersparen können.
- Der Ortsbeirat - bestehend aus 7 Mitgliedern - wird alle vier Jahre neu gewählt, nicht über Parteien, sondern über eine Einheitsliste "Fischbacher Wählergemeinschaft". Der Wähler kann also seine Kandidaten unmittelbar aussuchen.

Der Fischbacher Ortsbeirat kann im Jahr 1992 sein 20jähriges Jubiläum feiern. Genau 20 Jahre ist auch Ortsvorsteher Herbert Mernberger im Amt - am 21.12.1972 erfolgte seine Wahl.
   Ebensolange ist sein langjähriger und auch jetziger Stellvertreter, Rudi Walter, dabei.
Dem Ortsbeirat gehören weiter an:
Günther Walter (Schriftführer), Dieter Ober (stellv. Schriftführer), Hildegard Mernberger, Peter Schneider, Achim von Sundahl.

Neben ihren gesetzlich vorgeschriebenen Aufgaben betätigen sich die Ortsbeiratsmitglieder im kulturellen und gesellschaftlichen Leben des Stadtteiles mit besonderem Engagement. Seniorenbetreuung, Kinderfeste, Aktion "Saubere Landschaft", "Unser Dorf soll schöner werden", Weihnachtsfeiern seien als Beispiele aufgeführt.
   Mit besonderer Motivation wurde die Aufnahme Fischbachs im Jahr 1992 in das Dorferneuerungsprogramm des Landes Hessen erreicht.

Ein Dorf ohne aktiven Ortsbeirat ist ein Dorf ohne Zukunft!

Der Planungsbeirat

Die wichtigste Aufgabe des Planungsbeirates besteht darin, die von den vier Arbeitskreisen vorgeschlagenen Maßnahmen in eine Prioritätenliste aufzunehmen und nach Möglichkeit im Rahmen der finanziellen Mittel zu verwirklichen. Eine enge Zusammenarbeit mit dem Magistrat, dem Planungsteam einschließlich Landschaftsplanerin, der Moderatorin sowie dem Amt für Landwirtschaft und Landentwicklung ist gegeben.

Dem Planungsbeirat gehören Mitglieder des Ortsbeirates und der Arbeitskreise an:

Herbert Mernberger (Leitung), Ulrike Karlik, Silvia Ober, Eva-Maria Schneider, Wolfgang Berghäuser, Richard Keiper, Olaf Krebs, Matthias Osterberg, Alexander Taitl, Achim von Sundahl, Günther Walter, Rudi Walter.

Herbert Mernberger, Leiter des Planungsbeirates

Das Planungsbüro

Das Darmstädter Architektenbüro, unter der Leitung von Kai Richter, wurde mit planerischen, beratenden und kostenermittelnden Aufgaben zur Dorferneuerung beauftragt. Hierzu entschloß man sich, da das Planungsbüro bereits in Hausen vor der Höhe, Laufenselden und anderen hessischen Gemeinden sehr erfolgreich gearbeitet hatte.
Herr Richter verstand es, durch Sachlichkeit, großes Fachwissen und Einfühlungsvermögen in die Fischbacher Besonderheiten die Dorferneuerung planerisch voranzutreiben.

Eine detaillierte Kostenermittlung für den Zeitraum des Dorferneuerungsprogrammes (10 Jahre) wurde erstellt.
Auch sind bereits über 30 Beratungen im privaten Bereich durchgeführt worden! Dies sei, nach Kai Richter, in diesem Stadium ungewöhnlich hoch.
Die Zusammenarbeit mit der Landschaftsplanerin Monika Dörhöfer wurde positiv von der Fischbacher Bevölkerung auf- und angenommen.

Das vorgestellte Modell der Fischbachhalle mit Jugendraum und Kindergarten im Dachgeschoß, nach den Wünschen des Planungsbeirates und der Arbeitskreise konzipiert, fand breite Zustimmung!
An dieser Stelle sei deshalb für die vorbildliche Arbeit und das über das Normale hinausgehende Engagement herzlich gedankt! Ein Planungsteam, das sich für weitere Aufgaben empfiehlt.

Kostenlose Beratung im Rahmen des Fischbacher Dorferneuerungsprogrammes:

Kai Richter, Liebigstraße 25, 6100 Darmstadt, Tel.: 06151/26070

Kultur- und Naturdenkmäler/erhaltens- und sehenswert
Fischbach und seine Kulturdenkmäler

Brunnensockel   Rheingauer Str./Ochsenbergweg

Brunnensockel mit Auffangbehälter aus Sandstein. Schale in oktogonaler Kelchform mit Fuß, zu 5/8 an den kubischen Sockel direkt anschließend, mit Profilierungen und abgerundetem Rand. Seltene und aufwendig gearbeitete Brunnenform im dörflichen Bereich; in Stein übersetzte Form eines sonst meist in Gußeisen ausgeführten Ziehbrunnentyps mit separater Schale.

Rheingauer Str. 16

Kleines Wohnhaus im 18. Jh. in gedrungenen Proportionen über nahezu quadratischem Grundriß, mit hohem Krüppelwalmdach und in den Straßenraum ragender Giebelfront. Unter der Verkleidung - teils Kunststoff, teils Naturschiefer - ist relativ vollständiges Fachwerk barocker Prägung zu erwarten. Eingang an der nördlichen Traufseite, hier geringer Geschoßüberstand. Die Fensterstellung giebelseits noch original, die Traufseiten kaum verändert. Rückwärtig neuer Anbau, dahinter die zugehörige Scheune.

Rheingauer Str. 22

Giebelständiges Fachwerkwohnhaus des 18. Jh., verputzt. Das hohe Kellergeschoß bedingt eine stattliche Gebäudehöhe sowie die traufseitige Erschließung durch eine (erneuerte) zweiläufige Eingangstreppe. Im Erdgeschoß sind die Fensterformate unpassend verändert, im leicht vorragenden Obergeschoß dagegen finden sich noch originale Fensteröffnungen. Hier ist möglicherweise ungestörtes Fachwerk erhalten. In zentraler Lage an der Ortsdurchfahrt ist das Gebäude wesentlicher Bestandteil des Ortsbildes.

Brunnen/ Rheingauer Str.

Pumpenbrunnen mit ungewöhnlich groß dimensioniertem (erneuertem) Brunnenpfosten in Pfeilerform und relativ kleinem Becken (ähnlich dem Brunnensockel an der Einmündung Ochsenbergweg). Becken reliefartig bearbeitet, Pfeiler mit seitlichem Pumpenschwengel; Sandstein. Brunnenrohr in Form eines Tierkopfes, aufwendigere Form eines Dorfbrunnens des 19. Jh.

Die Zwei Linden

Naturdenkmal "Zwei Linden". Rechts das ehemalige Saatreinigungsgebäude, welches als zukünftiges Heimatmuseum vorgesehen ist.

Fischbachs Beitrag zum sanften Tourismus
Sanfter Tourismus - Ein Beitrag zur Kurförderung

Die Kurstädte beklagen den Rückgang der Nächtigungen. Es wird versucht, mehr Kurgäste für eine offene Badekur zu gewinnen, laboriert nur an den Symptomen, faßt das Problem aber nicht an der Wurzel an.
Der Kurgast sucht vor allem Ruhe zur inneren Besinnung auf die richtigen Werte. Er will raus aus der Hektik, die ihn als Gefangenen seines Ichs erscheinen läßt. Bewegung löst viele Probleme. Doch wo erhalten der Kurgast, der Gast, der Einheimische Hilfestellungen?

Fischbach versucht den Weg des sanften Tourismus einzuschlagen. Sanfter Tourismus hat die Aufgabe, Menschen die landschaftstypischen Schönheiten näher zu bringen. Das heißt aber auch, den Interessierten so zu einem Naturschutzgebiet zu führen, daß er einerseits dieses bewundern kann, andererseits die Schutzzone nicht stört; Fischbach bemüht sich diesen "sanften Weg" zu gehen.
Erst durch den Kontakt mit der Natur kommt das Verständnis für den Naturschutz. So sind die drei Fischbacher Naturschutzgebiete Knottenberg, Ochsenberg und Schneeberg dem Wanderer nur soweit zugänglich als die schützenswerte Natur nicht leidet. Der Wanderer wird auf markierten Wegen geführt, ist demnach nicht versucht, auf eigene Faust quer Beet zu gehen. Aus diesem Grunde hat Fischbach auch acht Rundwanderwege konzipiert, welche die landschaftliche Vielfalt, beliebte Ausflugsziele und den Wunsch, zu den Nachbarorten zu gelangen, berücksichtigen. Zuvor mußten Wanderer den Hinweg auch als Rückweg benutzen, was häufig dazu führte, daß die Wanderer auf der Suche nach eigenen Pfaden schützenswerte Zonen beschädigten.
Informationstafeln informieren über die Zusammensetzung des Fischbacher Sauerbrunnens ebenso wie über das Naturschutzgebiet.
Der Umweltschutz wird in Fischbach groß geschrieben. Durch die jährlich durchgeführte Aktion "Saubere Landschaft" wird die Bevölkerung, insbesondere auch die Jugend, zur Mithilfe aufgefordert

und sensibilisiert. Der Fischbacher Jugendclub unterstützt beispielhaft dieses Anliegen. So legte er musterhaft ein Biotop an, pflanzte heimische Obstbäume, engagierte sich um die Einrichtung der Naturschutzgebiete.

Den Touristen zum verständnisvollen Partner, der ein Recht auf Information hat, zu gewinnen, ist ein erklärtes Ziel in Fischbach. Als Teil der Kurstadt Bad Schwalbach glaubt man, hierdurch einen Weg gefunden zu haben, der einen positiven Beitrag zur Kurförderung darstellt.

Der biologisch geführte "Hof Fischbach" der Familie Dörr, der artgerechte Tierhaltung ebenso vorlebt wie er die ortstypischen Hecken anpflanzt , und das Angebot des Fischbacher Gasthofes (Pferdekutschenfahrten und heimisches Essen) runden Fischbachs Anstrengungen im Sinne des "sanften Tourismus" ab.

Wo liegt denn Fischbach? Bisher blockierte die Bürokratie die Aufstellung eines Hinweisschildes. Weder in der Kur- und Kreisstadt noch an der vielbefahrenen Bäderstraße weist ein Schild auf den Bad Schwalbacher Ortsteil hin. Autofahrer verfahren sich regelmäßig. Wie lange noch?

Fischbacher Rundwanderwege in Kurzfassung

Wandern
zu schönen Stellen

Weg 1
Fischbach: 300 m Bornweg − Schlauderdell − parallel Landstraße − **Platte** − Wodanhütte − B 260 − Fischbacher Hütte − Grambachtal − Fischbach

Weg 2
Fischbach: Straße zum Wildpark − Ochsenberg − Hundskopf − **Dreispitz** − 300 m Chaussee Richtung Hausen − Horbachtal − Fischbach

Weg 3
Fischbachhalle − Horbachtal − Herzbachtal − Wassertretstelle − **Hausen** − andere Talseite
abwärts − Fischbach

Weg 4
Fischbach: Siedlerweg − Fahrweg zum Biobauer − Parkplatz Roter Kopf − Kellerweg abwärts − auf anderer Gladbachseite bis **Obergladbach** − 200m Chaussee Richtung Hausen − links aufwärts − Kreisstraße Hausen/Fischbach − abwärts am Hauser Berg bis Fischbach

Weg 5
Fischbach: Bolzplatz − Sauerbornquelle − Biotop − links aufwärts zum **Biohof** − Parkplatz Roter Kopf − 150 m Chaussee abwärts − links ab nach Fischbach

Weg 6
Fischbach: Bornweg – Biotop – nächste Bachbrücke links mittleren Hangweg – Naturgehege – **Niedergladbach** – ab Tankstelle links aufwärts durchs Naturgehege – Biobauer – Fischbach

Weg 7
Fischbachtal abwärts – zweite Bachbrücke rechts – Anstieg um den Steinberg – **Langenseifen** – Bürgerhaus – Neuer Stall – **Schlehborner Heide** – zurück talwärts – Fischbach

Weg 8
Fischbach: Straße zum Wildpark – Grambachtal – Bäderstraße – Platte – Grillhütte – gegenüber B 260 abwärts – **Ramschied** – Taunushof/Chaussee L 3374 – gegenüber talwärts – Fischbach

Das Fischsymbol zeigt die Richtung an.

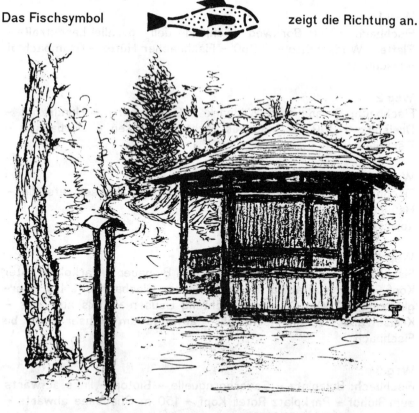

Die Fischbacher Hütte, ein beliebter "Rastplatz"

Fischbacher

Rundwanderwege

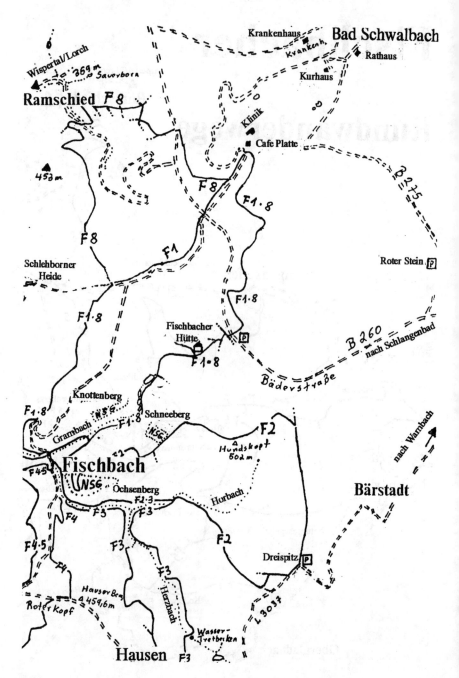

Gastlichkeit rund um Fischbach

6208 Bad Schwalbach ‹06124›
****

Name / Adresse	Tel.	Öffnungszeiten	Ruhetag	Saison	Bemerkungen
Golfhaus Familie Hayn Im Kurpark	26 67	Die.-Frei 14.00-22.30 Sa.ab 11.00 So.ab 10.00	Mo. Ruhetag	ganzjährig geöffnet	Zw. Tennis-u. Mini- golfplatz. Café und Restaurant mit Gar- tenwirtschaft.
Restaur. Heimbachtal im Tennispark Ehepaar Döring Heimbacher-Str. 11	39 85	Die.-Frei. 11.00-01.00 Sa.+ So. ab 10.00	Mo. Ruhetag	ganzjährig geöffnet	Beliebtes Speise- lokal. Tennisbe- trieb d.Schauglas zu beobachten.
Restaurant Kaiserhof Rudolf Maaß Goetheplatz 5/7	40 61 40 62	durchgehend geöffnet	keinen Ruhetag Warme Küche 12.00 - 14.00 und 18.00 - 22.00	ganzjährig geöffnet	mit Weinstube,auch Kaffee u.Kuchen.
Café Lantin Inge Felde Pestalozzi-Str. 21	84 00	Do.-Die Mai-Okt. 13.00-22.00 |Nov.-April 13.00-18.00|	Mi. Ruhetag Schulferien ca. 3 Wochen??	ganzjährig geöffnet	Café-Garten mit Terrasse. Eigener Kuchen
Kaffeehaus Lutz G.und A. Lutz Park-Str. 2	1 20 71	09.00-19.00 Die. 14.00-18.00		ganzjährig geöffnet.	Freiterrasse. Eigene Konditorei, z.B. Walnußtorte.
Restaur. Moorgrube im Kurhaus Am Kurpark	50 20 oder 502-459 ## So.ab 10.00/ an Sommer-Wochenenden u.an Feiertagen durchgehend. ##	tägl. 17.30-23.00 Die.-Sa.11.00-15.00	Mo. Ruhetag	ganzjährig geöffnet	Liegt gegenüber von der Bushalte- stelle.
Café Paradiso Renzo da Ros Adolf-Str. 36	49 73	tägl. 9.30-22.30	keinen Ruhetag	Nov.-Januar Betriebs- ruhe	Eiscafé. auch Bier und Kuchen. Terrassencafé
Park-Café Anna Grimm Badweg 13	38 09 oder 14 75	durchgehend 08.00-18.00	Do. Ruhetag	Dez. und Jan. Betriebsruhe	Große Terrasse. Eigene Konditorei. Kleine Gerichte.
Café/Restaurant Platte / W.Kasten Wisperstraße	25 72 und 46 19	09.00-18.30 ## Mo.+ Mi.Tanz 19.00-23.00h ##	Do.+Frei. Ruhetag	Dezember Betriebsruhe	Sonnenterrasse. Hauseigener Kuchen.

Bürstadt (6229 Schlangenbad 3) ⟨06129⟩

Landgasths.Lindenhof M.Barrejal-Griefenbrock Backhaus-Str.	93 83	tägl. 11.30-14.00 17.00-24.00	Mo.	Voranmeldg. auch nachm. Gruppen	deutsch/italieni- sche Küche.
Zur Sonne Pierre Schönbaum und Familie Haupt-Str. 18	92 54	Mo.-Mi. & So. 11.00-24.00 Frei.u.Sa. 11.00-01.00	Do. Ruhetag	Betriebsruhe September ca. 3 Wochen ??	Kleiner Freisitz. Restaurant u.Café. Separater Raum für 80 Personen.

Fischbach (6208 Bad Schwalbach 4) ⟨06124⟩

Zum Fischbachtal E.u.B. v.Zanten Rheingauer-Str. 33	85 89	täglich ab 10.00	Mi. Ruhetag	Betriebsferien 3 Wochen im Januar.	Freisitz im Hof. Wildsülze,Forellen Kutschfahrten.

Hausen v.d.H. (6229 Schlangenbad 2) ⟨06129⟩

Deutsches Haus M.und M. Schrott Gladbacher-Str. 7	91 43	So.-Do. 11.00-14.00 u. ab 18.00	Frei. Ruhetag	Betriebferien 3 Wochen im Juli.	Sa. ab 17.00 h. Durchgehend ca. vom 1.5.-1.10.
Glücksschmiede B.Osterberg Glückspfad	91 41	durchgehend geöffnet	Die. Ruhetag	Betriebsferien etwa 15.11 bis 15.12.	Freisitz, Sauna Hallenbad.
Ristorante Sole Mio H.Sicili no Dorfgemeinschaftshs.	92 29	tägl. 17.30-24.00 So.11.30-24.00	Mo. Ruhetag	Betriebsferien zu den Sommer- ferien	Freisitz Deutsche + italien. Küche
Zum Kamin E. Fritsch Rüdesheimer-Str. 8	93 31	durchgehend ab 10.00 Die.ab 16.00	Mo. Ruhetag	Betriebsferien 2 Wochen im November	Durchgehend warme Küche. Biergarten.

6229 Kiedrich ⟨06123⟩

Café-Weinstube Denne Ursula Weingarten Ober-Str. 22	49 79	12.00-22.00 Sa.10.00-22.00 So.10.00-18.00	Mo. Ruhetag	Sommerferien 3 Wochen Betriebsruhe	Kuchen u.warme Ge- richte,Freisitz. Salate n.Jahreszeit
Speicher-Schuth Gutsausschank Sutton-Str. 23	54 28	Sept.bis Pfingsten ab 15.30	Mo./Die. Ruhetag	Zur Weinlese u. 20.12.- 06.01. Betriebsruhe	Weingut,auch warme Küche, keine Sala- te.
Winzerhaus Familie Berens Kamm-Str. 3	635 17	tägl. ab 11.00 durchgehend	Do. Ruhetag	Sommerferien ca. 3 Wochen Betriebsruhe	Restaurant und Weinstuben.
Weinhaus Zehnthof M. Fischer Ober-Str. 1 (erbaut 1591)	44 26	Mo.-Mi. ab 16.30 Sa.15.00 / So. 10.00	Do./Frei Ruhetag	Betriebsruhe während d.Weinlese über Weihnachten/Neujahr. Januar Februar fraglich. Sommerferien etwa 3 Wochen. Wein vom Faß.	
Zum Wibbes Gutsausschank Eltviller Str. 39	3803	Mi.-Sa. ab 16.00 So. ab 17.00	Mo.+Die. Ruhetag	Jan.,Aug.,Weihn./Sylvester Betriebsruhe. Deftige preisw. Gerichte! Freisitz	

Niedergladbach (6229 Schlangenbad 6) <06124>
****

| Gladbach Klause | 94 95 | durchgehend | Mo. Ruhetag | Betriebsferien wechselnd, in Sommerferien?! Allg. 3 Wochen | Freisitz Spezialität. Hausmacher Wurst und Wildsülze. |

Koslowski
Markt-Str.

Obergladbach (6229 Schlangenbad 7) <06129>
****

| Zum Gladbachtal | 92 24 | täglich durchgehend -\|So.u.Feiertage 14.00-17.00 | Die. Ruhetag. geschlossen\|- | Betriebsferien unregelmäig | Spez.Wildsülze und Hausmacherwurst. |

A.Laufer
Lorcher-Str. 1

Ramschied (6208 Bad Schwalbach 5) <06124>
****

| Wisperblick,H.Heise | 92 34 | tägl. 14.00 b. 18.30 | Ruhetag Do. | Betriebsferien vorerst keine | Kuchen,Gebäck Kleine Gerichte, auch warm |

K.Diederichs
Höhenstr. 16

| Zum Wispertal | 13 24 | ganztägig geöffnet | Die. Ruhetag | Januar Betriebsferien | Wildgerichte Forelle |

E. Hoffmann
Wisper-Str. 1

Schlehborner Heide (6208 Bad Schwalbach 1) <06124>
****

| Waldrestaurant/Café | 23 62 | durchgehend geöffnet 10.00-18.00 | Mo. Ruhetag | Februar Betriebsferien | Freiterrasse, Mittagstisch 11.30 - 14.00, weiter eigenen Kuchen etc. |

W. Meckenstock
Lorcher-Str.
(Liegt an der L 3374 zwischen Bad Schwalbach und Langenseifen)

Zusammenstellung: Jürgen Fuhrmann

Bad Schwalbach - eine sehenswerte Stadt
Kurstadt und Mittelpunkt des Rheingau-Taunus-Kreises

Das Hessische Staatsbad Bad Schwalbach im Taunus (ca 11000 Einwohner), nicht zu verwechseln mit Schwalbach am Taunus, trägt seinen heute amtlichen Namen erst seit 1927. Zuvor war es ein kommunales/städtisches Bad. Manch älterer Bürger erinnert sich noch an die Zeit, als Bad Schwalbach Langenschwalbach hieß.
　Die urkundliche Ersterwähnung geht auf das Jahr 1352 zurück, als es noch eine unbedeutende Siedlung von Wollwebern und Schafzüchtern war, zum Besitz der Grafen von Katzenelnbogen gehörte und als "Langinswalbach" bezeichnet wurde.
Nachdem im 16. Jahrhundert Dr. Jacob Theodor aus Bergzabern, genannt Tabernaemontaunus, die heilsame und wundersame Wirkung des "Sauerbrunnens" beschrieben hatte, wurde der Ort förmlich von Fremden überrannt. So transportierte man das Wasser in Krügen auf dem sogenannten Sauerwasserpfad bis nach Eltville, um es dann u.a. auch zu verschiffen. Im Jahre 1620 hielt Merian der Ältere in 26 Stichen das Langenschwalbacher Leben fest. Im Jahre 1632 brannte der Ort fast vollständig ab, nach dem Wiederaufbau stieg die Kurgastzahl (etwa 2000 im vorigen Jahrhundert) auf zur Zeit knapp 20000.
　Bad Schwalbach ist heute Sitz der Kreisverwaltung des Rheingau-Taunus-Kreises, zählt rund 11000 Einwohner einschließlich der Ortsteile Fischbach, Adolfseck, Heimbach, Hettenhain, Langenseifen, Ramschied und Lindschied.

Sehenswert:
Martin-Luther-Kirche (1685), Kurhaus mit Kurpark, Amtsgericht (ehemals Rothenburger Schlößchen), Stahlbrunnen, Fachwerkhäuser, Waldsee und zahlreiche Wanderwege

Information:
Kurverwaltung, Am Kurpark, 6208 Bad Schwalbach ☎ 06124/5020

Amtsgericht

Brunnen	Analysenjahr	freie Kohlensäure mg/l	Eisen mg/l	Mangan mg/l	Calzium mg/l	Magnesium mg/l	Hydrogencarbonat mg/l
Menzebachtal							
Adelheidbrunnen	1966	2.264	18,38	3,5	138,5	58,39	820,1
Schwalbenbrunnen	1975	2.354	16,2	n.b.	146,1	39,5	891,0
Ehebrunnen	1968	1.947	25,74	4,02	113,04	47,9	658,5
Paulinenbrunnen	1968	2.374	22,02	3,75	62,25	33,12	398,2
Weinbrunnen	1959	2.794	17,65	3,81	120,1	67,46	813,3
Rötelbachtal							
Neubrunnen	1960	2.695	32,0	5,6	68,7	40,54	490,0
Stahlbrunnen	1958	2.904	29,34	3,25	68,83	42,04	484,7
Schwalbachtal							
Lindenbrunnen	1957	2.251	3,5	1,6	119,3	74,98	788,5
Brodelbrunnen	1960	2.330	9,8	2,04	n.b.	n.b.	n.b.

Analysen der Bad Schwalbacher Brunnen

Der Fischbacher Sauerbrunnen

Das Wasser des Sauerbrunnens, auch Sauerborn genannt, tritt mit einer Temperatur von ca 8 °C im unteren Fischbachtal (ca 600 m nordwestlich des Ortsrandes) aus.

 Eine Anekdote berichtet, daß eine Frau, die sich sehnlichst ein Kind wünschte, erst schwanger wurde, als sie das Sauerbrunnenwasser trank. Täglich ist der Sauerbrunnen Ziel zahlreicher Wanderer und Touristen. Um die Sauberkeit rund um den Sauerbrunnen kümmert sich der Fischbacher Heinrich Ober.

Die Ausschüttung ist relativ gering: pro Minute 1,8 Liter
Der Geruch des Wassers: säuerlich nach Kohlenstoffdioxid
Der Geschmack: säuerlich, mineralisch und metallisch
Das Aussehen: farblos, klar, mit Gasblasen
Wassertyp: eisenhaltiges Natrium-Calcium-Magnesium-Hydrogencarbonat-Wasser

Die quantitative chemische Untersuchung durch das Institut Fresenius am 24. 8. 1987 ergab:

Kationen			Anionen		
Natrium	295	mg/l	Fluorid	0.05	mg/l
Kalium	5,1	mg/l	Chlorid	5,9	mg/l
Ammonium	0,76	mg/l	Sulfat	3,1	mg/l
Magnesium	83,9	mg/l	Hydrogen-		
Calcium	140	mg/l	phosphat	0,15	mg/l
Strontium	1,7	mg/l	Hydrogen-		
Mangan	1,3	mg/l	carbonat	1660	mg/l
Eisen	10,6	mg/l			

Kieselsäure: 31,6 mg/l

Der Brunnenauslauf ist ein 35 cm hohes Messingrohr, wobei der Quellaustritt sich in einer kreisförmigen Vertiefung von 130 cm Durchmesser und ca. 1m Tiefe unter dem Wiesengelände befindet. Das abfließende Wasser wird in den etwa 25 m entfernten Bach geleitet.

Fischbacher Sauerbrunnen

Hof Fischbach / Ökologischer Landbau in Taunuslage
Mut zahlt sich aus / Neue Arbeitsplätze geschaffen

Die Idee, ökologischen Landbau im Rheingau-Taunusgebirge auf den Feldern der Ortschaft Fischbach zu betreiben, kam von Christel und Klaus Dörr.

Die landschaftliche Lage ist hügelig, die Böden haben einen hohen Schieferanteil, sind verhältnismäßig arm an Nährstoffen und können stark austrocknen. Dies war zu berücksichtigen, als Christel und Klaus Dörr gemeinsam mit Uta Müller begannen, 1988 den Aussiedlerhof zu bewirtschaften.
Der Hof wird voll in Eigenverantwortung als Pachtbetrieb von der Betriebsgemeinschaft bewirtschaftet. Diese wurde von einigen vorausschauenden Menschen aus der Stadt, mit Absprachen der Hofbetreiber, gegründet. Der Eigentümer von Gebäuden und Land (Immobilien) ist die Stiftung "Land um die Stadt".
Im ehemaligen Köhlerdorf und landwirtschaftlich geprägten Dorf Fischbach hatten mittlerweile immer mehr Bauern ihren Betrieb aufgeben müssen, da er sich nicht mehr rechnete. Fischbach hatte mitterweile nur noch drei Vollerwerbsbauer (Heute keinen mehr). Deshalb hatte Klaus Dörr zusammen mit Frau Christel ein konkretes Konzept, um betriebswirtschaftlich bestehen zu können.
Abgestimmt auf die standortspezifischen Bedingungen begannen sie, den Hof und die 60 ha Land auf ökologische Nutzung umzustellen und einen großen Teil des erosionsgefährdeten Ackerlandes wieder in Weiden und Wiesen zurückzuverwandeln. Inzwischen sind 45 Hektar Weideland. Damit wurde die Voraussetzung für eine artgerechte robuste Tierhaltung geschaffen.
Heute bildet die 80 köpfige Rinderherde den ökonomischen Hauptfaktor des Hofes. Die Viehherde besteht aus Kreuzungstieren der verschiedensten Robustrassen, z. B. dem urig zottelig aussehenden schottischen Hochlandrind. Für den Nachwuchs sorgt ein Galloway-Bulle. Man betreibt reine Mutterkuhhaltung. Das bedeutet, die Kühe werden nicht gemolken, sondern die Milch steht ausschließlich den Kälbern, die jährlich zur Welt kommen, zur Verfügung.

Hof Fischbach

Von Mai bis Ende November weiden die Rinder in einem natürlichen Herdenverband. In den Wintermonaten müssen die Rinder in einen Tretmiststall, der 1988 eingeweiht wurde. Als Futtermittel dient hauptsächlich das in den Sommermonaten eingebrachte Heu und Silage.

Ein weiterer wichtiger Wirtschaftsfaktor sind die rund 100 schneeweißen Gänse, die jedes Frühjahr als Eintagsküken ankommen und dann als Weihnachtsgans verkauft werden. Tagsüber sind die Gänse auf der Weide, nachts im geschützten Stall. Die Gänse werden überwiegend mit Grünfutter ernährt, lediglich in den letzten Monaten erhalten sie Ausputzgetreide, das beim Brotbacken abfällt, und Futterhafer.

Die Hühner mit Hahn leben in Auslaufhaltung und liefern somit nicht nur gute Eier, sondern tragen auch zu einem stimmigen Hofbild bei. Zusätzlich beleben einige Ziegen und Pferde den Hof.

Wie die Rinder sind auch die schwäbisch-hallischen Hausschweine Vertreter einer robusten Rasse. Etwa 60 Stück kommen jährlich als Ferkel auf den Hof. Bewegungsfreiheit, vielseitiges Futter, nicht schnelles Mästen, Verzicht auf hormonelle Behandlung und auf Zusatzstoffe zur besseren Futterauswertung zeichnen die Schweinemast aus.

Das hofeigene Futter: Kartoffeln, Getreide, Kleegras und Leguminosen, reicht nicht aus. Durch die Zusammenarbeit mit dem "Kleinen Eltviller Brauhaus" und dem "Wiesbadener Ratsbräu" erhält man als zusätzliches Futter den beim Brauen entstehenden ökologischen Gerstentreber.

Gleichzeitig garantieren diese "Ökobrauereien" die Hauptabnahme des kernig schmackhaften Fleisches. Nur ein kleiner Teil der Tiere wird direkt vermarktet.

Rund 15 Hektar der Landfläche vom Hof Fischbach werden als Ackerland bewirtschaftet. Das ergibt Stroh für die Rinder im Winter und Getreide für das von Hanns-Joachim Henrich gebackene Holzsteinofenbrot.

Das Backhaus wurde 1987 errichtet, und hier werden dreimal wöchentlich nach alter Tradition 70 Bauernlandbrote aus frisch geschrotetem Korn und Natursauerteig gebacken. Im gleichen Jahr wird der Hof vom Demeter-Bund als Bio-dynamischer Betrieb anerkannt.

Zum Gesamtkonzept des Hofes Fischbach gehört letztlich die eigene Vermarktung seiner Produkte. Hier schließt sich der Kreislauf, der eine individuelle, in sich geschlossene Betriebsstruktur ermöglicht, die notwendig ist, will man in eine aktive Natur, eine gesunde Produktionsweise und qualitativ hochwertige Lebensmittel investieren, sagt Klaus Dörr.

Neben der direkten Belieferung der Brauerei mit wöchentlich einem Schwein vermarktet man die im Hof Fischbach produzierten Produkte im "Haselnuß Hofladen" in der Wiesbadener Yorkstraße und seit November 1992 im Hofladen 26 in der Taunusstraße.

Auf dem Bauernhof selbst kann man Dienstag und Freitag von 15.00 bis 18.30 Uhr einkaufen, was von zahlreichen Kunden genutzt wird.

Zu einem sanften Tourismus gehört die besondere Berücksichtigung des Umweltschutzes. Dies wird auf dem Hof Fischbach mustergültig umgesetzt. Mit Unterstützung des Landes wurden ca 1000 lfm 4reihige Hecken angelegt und etwa 80 Hochstamm-Obstbäume. Weitere Maßnahmen sollen folgen.

Der Hof Fischbach ist ein Beispiel dafür, wie man mit großem unternehmerischem Einsatz, einem schlüssigen Konzept Arbeitsplätze schaffen und Landwirtschaft in Einklang mit der Natur betreiben kann. Zur Zeit leben 8 Personen auf dem Hof, und in den zwei Wiesbadener Hofläden sind weitere Mitarbeiter als Zeitkräfte beschäftigt. Klaus Dörr berichtet, daß bereits etliche Praktikanten und zwei Lehrlinge auf dem Hof Fischbach tätig waren.

Im Rahmen der Dorferneuerung zeigt der Hof Fischbach eine Möglichkeit auf, sich profitabel mit Landwirtschaft zu beschäftigen. Er zeigt aber auch, wieviel unternehmerische Leistung und entsprechende Rahmenbedingungen notwendig sind, einen Bauernhof in der heutigen Zeit zu führen.

Ökologie / Naturschutz / Biotop

Naturschutz wird in Fischbach großgeschrieben

„Vor 10 Jahren konnte man noch nicht ernsthaft über Naturschutz reden, ohne daß man als Spinner bezeichnet wurde", erinnert sich Achim von Sundahl. Mit einem leisen Lächeln blickt er — beinahe liebevoll — über die schöne Landschaft, die das 380 Einwohner zählende Dorf Fischbach umgibt. Doch die Zeiten haben sich geändert: „Es hat sich hier ungeheuer viel getan in jeder Hinsicht." Und das ist nicht zuletzt auch das Verdienst von Sundahl, ein Fischbacher seit 20 Jahren. „Schauen Sie mal dort den Walnußbaum." Auf 400 Metern Höhe wächst und gedeiht dieses Prachtexemplar — in der Regel bevorzugt diese Art eher tiefere und wärmere Gegenden. Entdeckt wurde der Walnußbaum eher durch Zufall, denn im Naturschutzgebiet Knottenberg wuchsen die Büsche dicht an dicht. Innerhalb kürzester Zeit wäre hier wieder ein Wald entstanden, „denn die Natur ist unheimlich stark". Verlorengegangen wäre Fischbach ein alter Streuobstbestand, mit vielen dort lebenden schützenswerten Tier- und Vogelarten. Doch mit Hilfe einiger Leute von der Umweltwerkstatt der Volkshochschule wurde hier Anfang des Jahres „aufgeräumt". Die Teilnehmer des Beschäftigungsprogramms für ehemalige Langzeitarbeitslose und Sozialhilfeempfänger entfernten die Büsche — überwiegend Schwarzdorn —, zum Vorschein kamen bis zu 150 Jahre alte Obstbäume. „Die Ältesten des Dorfes erinnern sich noch, wie die Bestände bis nach dem Krieg gehegt und gepflegt wurden", erzählt von Sundahl.

Die Entdeckung der vergessenen Bäume hat auch eine praktische Seite. Die alten Wildobstsorten könnten als wertvolles „genetisches Material" wiederentdeckt und eingekreuzt werden. Seit über zehn Jahren sammelt beispielsweise die Fachhochschule Geisenheim, Fachgebiet Obstbau, alte Obstbaumsorten aus ganz Hessen. Rund 200 verschiedene Sorten seien es mittlerweile, berichtet Dr. Helmut Jakobi, Mitarbeiter der Fachhochschule. Die Pflanzen werden dort einer Leistungsprüfung unterzogen und kultiviert, um „eines Tages auch den Rücklauf an die Baumschulen zu gewährleisten".

Geortet wurde im zweiten Fischbacher Naturschutzgebiet, dem Schneeberg, unter anderem auch ein Speierling, eine mittlerweile seltene Pflanze, die mit dem Vogelbeerbaum verwandt ist. Seine Früchte wurden früher bei der Apfelweinherstellung zugesetzt, hauptsächlich zur Konservierung, aber „der Speierling verleiht dem Apfelwein seinen wunderbar herben Geschmack und macht ihn so durstlöschend", weiß der Naturliebhaber Achim von Sundahl aus eigener Erfahrung. Vorsichtig geht er zwischen den Wacholdersträuchern auf dem Schneeberg umher. Überall zeigt sich der Fingerhut in purpurner Blütenpracht, eine alte Eibe spendet Schatten. Ein Reh, das dort zu früher Morgenstunde bei angenehm kühler Temperatur noch äst, läßt sich kaum stören und geht nur ein paar Schritte tiefer in den Wald.

Grenzbereich zu Wildlandschaften findet sich die größte Artenvielfalt. Überließe man sie sich selber, entstünde schnell wieder ein im Verhältnis artenarmer Wald.

„Doch in Fischbach lassen sich die Leute noch motivieren und sind bereit, sich zu engagieren", freut sich von Sundahl. Anläßlich des Dorferneuerungsprogrammes wurde auch eine „Arbeitsgruppe Ökologie" gebildet. Sie plant die Naturschutzgebiete miteinander zu verbinden, denn sind sie voneinander isoliert, dann tragen sie nur wenig zur Arterhaltung bei. Die Arbeiten in der Natur machen den meisten viel Spaß. „Besonders die jungen Leute fragen einem Löcher in den Bauch", berichtet von Sundahl, der sein Wissen gerne weitergibt. fe

Auch im dritten Fischbacher Naturschutzgebiet, dem Ochsenberg, wurden etwa 150 Jahre alte Wacholdersträuche gefunden. Was vor 40 Jahren noch Schafe kurzhielten, überwucherte bald die Natur. Jetzt haben die Ortsvereine, freiwillige Helfer und die Umweltwerkstatt einen Teil freigeschlagen, damit die Wacholder-Prachtexemplare nicht völlig erstickt werden. Nicht alle konnten gerettet werden, wie mehrere „Wacholder-Ruinen" dokumentieren. Doch am Boden rührt sich schon wieder das erste Grün des Schwarzdorns, im nächsten Jahr muß dort wieder gearbeitet werden.

Viele Naturschutzgebiete bedürfen der Pflege, denn gerade in den alten Kulturlandschaften und im

Wiesbadener Kurier von 1990

Ein freigestellter Wacholderstrauch im Naturschutzgebiet

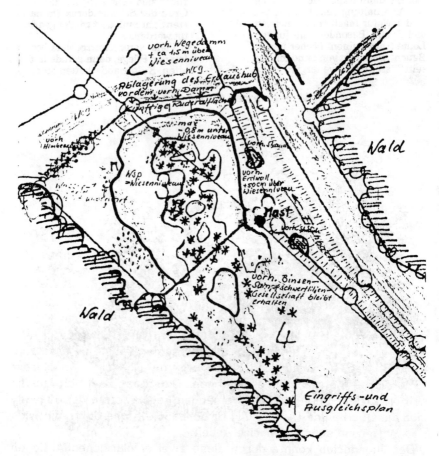

Plan des Feuchtbiotops

Feuchtbiotop und Obstbaumpflanzung

Umweltschutzaktionen des Jugendclubs Fischbach

Ein Diskussionspunkt innerhalb des Jugendclubs war und ist der Umweltschutz. Obwohl Fischbach als Dorf in einer ländlichen Umgebung liegt und aus ökologischer Sicht -scheinbar- alles in bester Ordnung ist, war der Jugendclub schon vor 1988 sehr sensibilisiert für die derzeitigen Umweltprobleme.

Wir wollten es aber nicht nur beim Reden belassen, sondern auch etwas aktiv für den Umweltschutz tun. Denn wir hatten erkannt, daß trotz der schönen Lage Fischbachs, eingebunden in die Natur, einiges getan werden konnte und mußte. So z.B. die Beseitigung der schädlichen Auswirkungen der Flurbereinigung zur Schaffung landschaftlich nutzbarer Flächen. Die erste große Idee war es, ein Feuchtbiotop anzulegen.

Dank der finanziellen Unterstützung des WWF Deutschland im Rahmen seiner Aktion "Jugend schützt Natur" und des Amtes für Landwirtschaft und Landentwicklung sowie der planerischen Unterstützung der Unteren Naturschutz- und Wasserbehörde konnte das Projekt schließlich in Angriff genommen werden. Hierfür stellte die Stadt Bad Schwalbach unterhalb des Sauerbrunnens zwei Wiesengrundstücke zur Verfügung.

Nach den Baggerarbeiten führte der Jugendclub im Mai 1989 die Pflanzungsarbeiten durch und legte ein Geländer zum Schutz des Biotops an. Das Feuchtbiotop kann sich mittlerweile weitgehendst selbst überlassen werden und muß nur selten durch einige pflegerische Maßnahmen des Jugendclubs betreut werden.

Dank einer Spende der Firma Krautworst aus Bad Schwalbach konnte der Jugendclub im darauffolgenden Jahr Obstbäume anschaffen, um wenigstens einen kleinen Teil der Bäume zu ersetzen, die z.B. der Flurbereinigung zum Opfer gefallen sind. Im Herbst 1990 wurde die Maßnahme begonnen. Die Stadt Bad Schwalbach hob die Löcher aus, und bei strömenden Regen setzte der Jugendclub die Obstbäume (Apfel- und Birnenbäume). Eine durch die widrige Witterung sehr schwierige Arbeit.

Der Jugendclub konnte durch diese zwei erfolgreichen Aktionen besondere Akzente im Bereich des aktiven Umweltschutzes setzen.

Doch sind diese Maßnahmen "nur" Reparaturarbeiten an den Menschen, d.h. von uns, früher verursachten Schäden. Besser ist es, an der Quelle des Entstehens anzusetzen und vorher zu überlegen, ob nicht durch unser Handeln Umweltschäden ausgelöst werden.

Wir hoffen, daß unsere Aktivitäten anderen Menschen Mut machen, sich für eine bessere und lebenswerte Umwelt einzusetzen.

Matthias Osterberg

Das Feuchtbiotop

Lexikon heimischer Mundart

A
Aamer	Eimer
abrackern	schwer körperlich arbeiten
abschmiern	verhauen
alleh	schnell, komm geh (Befehlston)

B
babbele	schwätzen, labern
babbisch	klebrig
bambele	baumeln
Bankert	böser Bub
Bajaß	Sinnbild der Fastnacht
bedappelen	begreifen
dedatsche	betasten
bedupse	übers Ohr hauen
beduddelt	beschwipst sein
beluhrn	übers Ohr hauen
Bembel	Apfelweinkrug (Äppelwei-Krug)
Bitt	Bütte (Waschbütte)
Blacke	Flecken (im Gesicht)
bleed	blöd, dumm
Bobbelsche	Baby
Bobbesje	Kinderpopo (liebevoller Ausdruck)
Borsch	junger Mann (Kerbe Borsch)
bossele	basteln
Brabbes	Was für ein Scheiß
Blaah	Plane, Tuch, Wagenplane
brotzeln	am Kochen (Küche, brutzeln)
Bosse	mach mir kei Bosse (mach keinen Blödsinn)
buddeln	graben (tief)
Bütt	"Rednerpult" der Fastnachtsredner

D
Dabbes	ein ziemlich ungeschickter Mensch
Dalles	Dorfplatz
Daub	Taube (Vogel), oder als Verb taub

Dauchenix	Tunichtgut
Deez	Kopf
Dell	kleine Vertiefung
demmern	langsam in den Sinn kommen
Dickesje	freundlich für wohlbeleibte Person
Dickkopp	Jemand, der ziemlich stur ist, hat einen Dickkopf, Kaulquappe
Dibbekuche	im Topf gebackener Kartoffelkuchen
disbisch	trübes Wetter
draatsche	rumschwätzen
Dollbohrer	ein unnormaler Zeitgenosse, der "spinnt"
Dorschenanner	Durcheinander
Dormel	verschlafener Trottel, Dummkopf
dusselich	schwindelig
dunge	in etwas reintunken

E

Ebbes	etwas
Ebbel	Äpfel
Ebbelwei	Apfelwein
eebsch	"Sei nicht so ebsch", sei nicht so beleidigt

F

Fäng	Prügel bekommen
Faxe	Grimassen
Ferz	Blödsinn "mach kaa Ferz"
flenne	weinen (weinerliche Heulsuhs)
Funsel	schlecht brennendes Licht

G

Gaasebock	Ziegenbock
Gebück	aus gebeugten Hainbuchen bestehender natürlicher Schutzwall (Rheingauer Gebück)
geckisch	mannstoll
Gedöhns	Getue
Gemies	Gemüse
Gickel	Gockelhahn, Hahn
Gluck	brütende Henne
goldisch	Ein niedliches Kind (ein süßer Fratz)

H
hahnebüschen	absurd
Heulsuhs	weinerliche Frau
habbe	haben
habbesse	haben Sie ...
hibbe	hüpfen
hickele	auf einem Bein herumhüpfen
hohl	blöd im Kopf

I
ibbermoje	übermorgen
inde	in den

J
Juddeknöchelche	Musikknochen (empfindl. Knochen a. Ellenb.)

K
kabbeln	streiten -"Die kabbele sich" (die streiten sich)
Kaff	ein kleiner Ort/Dorf (herabwürdigend)
Kappes	Schwätz kein "Kappes" (rede keinen Unsinn)
kibbele	ärgern
Kibbel	Berg
Kibbelsche	kleiner Berg
kippele	mit dem Stuhl wippen
Klicker	Murmeln (Glaskugeln)
Klobe	ungehobelter Mensch
kloppe	hauen
Knibbele	Knoten
Krott	klaa Krot meint ein "lebendiges" Kind
Kibbe	Zigarettenstengel
kloppe	draufhauen

L
Labbelduddel	schusseliger Mensch
labern	"dummes Zeug schwätzen"
läpsch	ungewürzt, läppisch
lahm	faul
lebsch	fad, ohne Geschmack
lubsche	heimliches Beobachten

M
mach mir	Ausruf des Erstauntseins
mei	mein
mach	"mach mir kei Sach" (stelle mir nichts an) mach wird auch als Ausruf des Erstauntseins verwendet
Mauerblümsche	Mädchen (unscheinbar), das keiner haben will
Migge	Mücken, "er mescht die Migg" (er haut ab)
moloche	schuften, arbeiten/abmühen
moije	Morgen
motze	trotzen

N
nassauern	auf Kosten anderer leben/schmarotzen
Noos	Nase
Nuddelsche	Schnuller

O
Oohschleekremer	Ein Mensch, der nur "dummes Zeug" im Kopf hat
Oos	freches oder goldisches Biest (hier kommt es auf die Betonung an)

P
packe	etwas schaffen/erreichen
Pannekuche	Pfannenkuchen
petze	kneifen
Pissdippche	Nachttopf
Die Platt putze	verschwinden, abhauen verhauen
prozesse	freundliches Schimpfen (auch "knottern")
Puddel	Jauche

Q
Quaddele	Hautbläschen
Quadratlaatsche	große Schuhe/Füße
Quellkartoffele	Pellkartoffeln

R
ratzebutz	"ratzebutz aufgegesse"/schnell aufgegessen

raffig	gierig
Ranze	dicker Bauch oder Schulranzen
Ratzefummel	Radiergummi
Redurkutsch	auf eine persönlich empfundene Beleidigung (bei einem Gespräch) eine witzige Antwort zurückgeben/sich revanchieren
renne	schnell laufen, oder im Sinne von anstoßen ("gerennt")
robbe	reißen/rupfen "ich robbe Dir die Haar raus"
Rotznoos	triefende Nase
Rummel	Dickwurz (Futterrübe)

S

schebbe	schöffeln / mit der Schippe etwas schaufeln
schenne	schimpfen
schepp	schief
Scherzebennel	Schürzenband
Schlaach	Schlag
Schlabbe	ausgelatschte Pantoffeln
Schlabbekicker	schlechter Fußballspieler
Schlappmaul	"Sprücheklopper"
Schligges	Schluckauf haben
schloddern	ich schlodder, meint ich friere
schloofe	schlafen
Schneck	Schimpfwort "Du bist e alt Schneck" bedeutet Du bist eine blöde Alte
Scholles	früher: Bürgermeister
schnorrn	auf Kosten anderer leben – In Kiedrich ist die Schnorrerfastnacht ein Brauchtum. Man trinkt maskiert aus fremden Gläsern und probiert von fremden Tellern und fordert Leute zum Tanz auf (Schnorrer)
Schrumbeln	Furchen im Gesicht
Schwelles	liebevoller Ausdruck für Dickkopf/Schwellkopf bei der Fastnacht
schuffte	schwer schaffen
Schuster	Kümmelschuster, Kümmelbrötche, oder im Sinne von Schuhmacher
Simbel	Schimpfwort, wenn man etwas "Dummes" tut
spanne	angespannt sehen oder horschen

Spitzbub	Gauner
Sprüchklopper	jemand, der großspurig prahlt
staube	jemand fortjagen
Stibbele	Stiefel
Stobbele	im Sinne von Stobbelacker/Bartstoppeln
Storchebaa	Mensch mit langen dünnen Beinen
Stumbe	alter Baumstumpf, auch Rest einer Zigarre

T
Trombeet	Trompete

U
uff	Ausruf des Erstaunens
uj	oh
übbergeschnappt	jemand, der bildhaft den Verstand verloren hat

Vadder	Vater
verbutze	aufessen bzw "den kann ich nit verbutze", den mag ich nicht
verebbele	verulken
verklickern	etwas verständlich machen
verschlabbern	etwas vergießen
verzottele	sich in Nebensächlichkeiten verlieren, etwas verlegt haben

W
Worscht	Wurst
Weck	Brötchen
Wingert	Weinberg
wibbe	schaukeln
Wutz	Hausschwein

Z
zabbe	ein Faß anzapfen
Zinke	Nase (rot)
Zwibbelkuche	Zwiebelkuchen (wird oft in Verbindung mit Federweißem gegessen)
Zoores	Ärger; ein "assozialer Personenkreis"
Zorngiggel	schnell in Wut geratender Mensch

Nassauer Redensarten.

Unter der Ueberschrift: "Was die Dorfleute im ehemaligen Amt Schwalbach von ihren Nachbardörfern reden" wird in den empfehlenswerten "Nassauischen Heimatblättern" (Zeitschrift des Vereins für nassauische Altertumskunde, für Mitglieder gratis, für Nichtmitglieder jährlich (4 Nummern) Mk. 3.—) folgendes mitgeteilt:

Von Lg.-Schwalbach heißt es von der Zeit an, da es Kurgäste hatte: Im Sommer Langenschwalbach, im Winter Langenschmalbach.

Hettenhain, das die Einwohner liebkosend "das Oertchen" heißen, wurde in meiner Schulzeit (vor 70 Jahren), bei öfterem Streit mit den Dorfjungen besungen: Hettehan ist die große Stadt, wo mer nix zu fresse hat. Große Schüssel und wenig drein, der Teufel möcht in Hettehan sein.

In Seitzenhahn heißt es: In Seitzehohn sin aach die Holzuppel Borsdorfer. Ein Seitenstück zu Mannheim: Die Marnemer Ayer hawwe all zweii Dotter.

Die Bärstadter sinn die Kerspelsbauern, die immer Recht hunn wolle. Sie sollen auch in einem Grenzstreit in ehemals den Schwalbachern gehörenden Wald Ackergrund in die Schuhe getan haben und darauf geschworen, sie stünden auf Bärstädter Grund und Boden.

Von Wambach heißt es: Wenn ihr Ort bachabwärts rutschte, würden sie den Schlangenbadern zeigen, was sie für Kerle wären. (Sie gelten als großspurig.)

In Hausen (v. d. H.) is nix zu schnausen. (Pfifflge Handelsleute.)

Oberglabbach wär ein schöner Ort — ohne Oberglabbacher. (Grobe Klötze.)

Niederglabbach is e gesunder Ort. Es is noch kaa Parre drin gestorbe. (Sie hatten stets Streit mit ihrem Pfarrer.)

Fischbach: In Fischbach gieht die Sunn aach im Summer erst um 8 Morgens uf. (Lieben die Morgenstunde nicht.)

Langenseifen: Die morze un schufte morgens un ohends un hun doch en leere Beutel. (So sagten die Fischbacher, was aber purer Neid war, denn Langenseifen war immer wohlhabender, als Fischbach.)

Ramsched: Die Ramschleder kaafe all ihrn Schnaps im Sauerborn. (Es gab lange kein Wirtshaus im Ort.)

Watzelhain leit im Ewigdernebig. (Deutet auf die abgelegene Lage des Ortes.)

Springen sehr wasserarm. In Springen derfs bloß im Winter brenne (im Sommer haben sie kein Wasser zun löschen).

Wisper: In Wisper ging aach der Scholles bettele, wann er Schuh hott. Wer in Wisper Schläge haben will, der rufe nur: Macht die Dohrn uff! Dorch Wisper kann ka Feierspritz fahrn, weil se die Dohrn nit uffmache.

Kemel: In Kemel duhn se, wann de Charfreitag noch Schnee leiht, den Schnee im Backofe trockene, domit er sich for de Summer hält.

Lindschied: In Lindschied sin aach die Hammelmäus ebsch. Das ganze Dorf is ebsch (verkehrt).

Heimbach: In Hambach werds Grummet aach gewendt, wenns regnet. Die Hambacher hun vorm Weltunnergang den Lochwald an die Schwalbacher vor 2 Ohm Branntwein verkaaft.

Adolfseck: Die Adolfsecker hun all das R im Hals. Wer 20 mol nochenanner „Adolfsecker-Weiherwasser" sage kann, ohne anzestoße, den nemme se umsonst als Verzer uf.

Hohenstein: Nix owwe, nix unne, nix drin un nix draus.

Huppert: Die Owwe, die Unne hun sich zum Fresse gern (die beiden Ortsteile waren immer streitig).

Laufenselden: Dunnerax Schwerladt. Laafeseele fuch, die Kerb is us. Wann e Laafeseeler säht, eich schlon der aan, dan hoste aach an.

Mappershain: Mappershan klaan un raan, loben sie selbst ihren Ort. Mappershan is langsam draa, sagt Kemel.

Breithardt nennt die von Holzhausen über Aar Käsfresser und, wie die Holzhauser behaupten, werden in Breithardt die Quellkartoffeln nur Sonntags geschält. (Werktags essen sie die Kartoffel mit der Schale.)

Die **Steckenrother** sollen vergessen haben, in ihrer Kirche eine Tür zu machen, und mußten durchs Fenster einsteigen. Die Steckenrother behaupten, es sei nicht wahr, sie hätten die Tür nur so eng gemacht, daß immer nur einer heraus konnte.

Strinzmargareth und Strinztrinitatis: Do is die Wachbeckepalz. Bechtheim un Beuerbach is die Lackwarte Palz.

Limbach: Seit die Limbacher ihr Kerch hun, trage se die Nos so hoch, daß se am helle Dag die Stern siehn, drum seins die Sternugucker.

N. N.

Aus Oma's Kochbuch

Beutelches Klees

Zutaten:

750 g rohe Kartoffeln
150 g Blutwurst
150 g Dörrfleisch
  2   Zwiebeln
  2   Eier
       Salz, Pfeffer

Zubereitung:
Rohe Kartoffeln reiben und das Kartoffelwasser abschöpfen. Die kleingeschnittene Blutwurst, Dörrfleisch, Zwiebeln sowie die Eier in die Kartoffelmasse geben und mit Salz und Pfeffer abschmecken. Das alles in rechteckige Leinen= oder Baumwollsäckchen füllen und ungefähr 20 Minuten in Salzwasser sieden. Dazu Hackfleischsoße, Gulasch oder Brot reichen.

Übermittelt: Gaby Mernberger

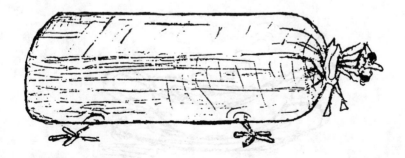

Blooe Heinrich

Zutaten:

750 g Pökelrippchen
150 g Graupen
200 g Kartoffeln
2–3   Zwiebeln
1   Bund Suppengrün
2 l   Wasser

Zubereitung
Das Fleisch in 2 l kaltem Wasser aufsetzen, aufkochen und etwa 60 Minuten ziehen lassen. Die Graupen ebenfalls mit kalten Wasser aufsetzen, aufkochen, in ein Sieb geben und mit kaltem Wasser abspülen. Die aufgekochten Graupen zu den Pökelrippchen geben und mitkochen lassen.
Etwa 20 Minuten vor Ende der Garzeit die Kartoffeln, Zwiebeln und das Suppengrün klein schneiden und in die Suppe geben. Die Pökelrippchen aus der Suppe nehmen und die Knochen auslösen. Anschließend das Fleisch kleinschneiden und in die Suppe geben.

Übermttelt von Rosi Walter

Brombeerwei

Die Brombeeren werden nach normaler Reinigung kalt gemaischt. Dem Fruchtbrei wird zur besseren Verflüssigung ein Antigeliermittel zugegeben und er über Nacht abgedeckt stehen gelassen. Den abgepreßten Saft genau messen und in das vorgesehe Gärgefäß geben.

Für 10 Liter Dessertwein werden benötigt:
Brombeersaft   6 Liter
Wasser   2 Liter
Zucker   2 kg
Hefenährsalz   4 Tabletten
Hefekultur Burgund oder Bordeaux

Die Gärungsdauer sollte nach 3 Monaten beendet sein. Beim Abziehen der Hefe muß beachtet werden, daß der Trub am Boden nicht aufgewirbelt wird. Eine Schwefelung empfiehlt sich, wenn man ihn länger aufbewahren möchte. Auf 10 Liter eine zerstoßene Schwefeltablette von 1 g dazugeben und mehrmals herumschwenken.
Unverbindlich teilen wir Interessierten Näheres mit, wenn Sie an den Arbeitskreis Kultur einen frankierten Rückumschlag senden.

Übermittelt von Theo Böke

Ebbelweitort

Zutaten:
        Knetteig
125 g Butter
125 g Zucker
250 g Mehl
1   Ei
1   Päckchen Vanillezucker
1/2 Päckchen Backpulver

Eine 26 Ø cm Springform mit dem Teig auskleiden.

Belag:
1 kg. Äpfel schälen, kleingeschnitten auf den Teig legen.
3/4 l Apfelwein, 2 Päck. Vanillepudding, 200 g Zucker zusammen kochen und auf den Äpfeln verteilen.
Bei 175 º ca. 1 Std. backen. Über Nacht auskühlen lassen.

2 Becher süße Sahne mit Sahnesteif und etwas Zucker schlagen, auf den Kuchen verteilen und mit Zimt bestreuen.

Übermittelt: von Rosi Walter

Kokos-Blitzkuche

Zutaten:
200 g Zucker
2 Btl. Vanillezucker
300 g Mehl
1 Btl. Backpulver
2   Eier
1/4 l Buttermilch
1 Eßl. Öl

Für den Guß:
100 g Zucker
150 g Butter
 75 g Kokosraspeln

Zubereitung:
Alle für den Teig nötigen Zutaten in einer Schüssel 2 Min. mit dem Handrührgerät verrühren.
Den Teig auf einem gefetteten Backblech ausstreichen und 10-15 Min. vorbacken (175°). Butter in einem Topf flüssig werden lassen, Zucker und Kokosraspeln zufügen und verrühren. Alles auf dem angebackenen Teig gleichmäßig verteilen und nochmals etwa 15 Min. goldgelb backen. Mit Puderzucker bestäuben.

Übermittelt: von Rosi Walter

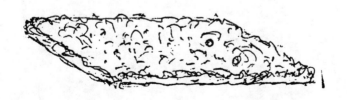

Lebkuche-Supp

Diese Lebkuchensupp wurde speziell an Silvester gereicht. Sie geht vor allen Dingen ganz schnell.
In eine mittelgroße Schüssel gebackenen Lebkuchen füllen. Darüber wird dann mindestens 0,5 l klarer Schnaps übergeschüttet, bis der Lebkuchen vollgesaugt ist. Anschließend bekommt jeder einen Suppenlöffel und löffelt diese "Lebkuchensupp" dann auf.

Übermittelt: Rudi Walter

Mehlspatze

1000 g Mehl
   1   Ei
   1   Tasse Öl
        Salz
        Wasser nach Belieben

Zubereitung:
Alle Zutaten zu einem lockeren Teig verarbeiten und mit Salz abschmecken. Den Teig eßlöffelweise auf ein Holzbrett mit Stiel bestreichen und mit einem Messer ca. 2=3 cm dicke Teigstreifen in kochendes Salzwasser schaben. Kurze Zeit sieden lassen und herausnehmen. Dazu kann aufgelassenes Dörrfleisch oder roher Schinken und grüner Salat gereicht werden.

Übermittelt: Rosemarie Nöller

Schweinepfeffer

Zutaten:
- 750 g Schweinefleisch
- 1/10 l Weinessig
- 1/2 l Wasser
- 3 Zwiebeln kleinschneiden
- 2 Gelberüben raspeln
- Suppengrün kleinschneiden
- 2 Lorbeerblätter
- 1 Zehe Knoblauch
- 3 Nelken
- 6 Pfefferkörner
- Salz
- 1/2 Zitrone
- Blutwurst
- Tomatenketchup, Paprika

Zubereitung:
Aus diesen Zutaten eine Marinade herstellen, die Fleischstücke hineinlegen und eine halbe Stunde kalt ziehen lassen. Dann alles auf "Feuer" geben. Nach einer halben Stunde Zitrone, Lorbeerblätter und Nelken herausnehmen.
Blutwurst auflösen, in die Masse geben und ca. 15 Min. kochen, bis alles gar ist. Mit Tomatenketchup und Paprika abschmecken. Zum Schluß noch etwas Rotwein hineingeben.

Übermittelt: Frieda Nöller

Specktunke

500 g Speck
7-8 Zwiebeln
Salz, Pfeffer

Zubereitung:
Den Speck in Würfelchen und die Zwiebeln kleinschneiden. In der Pfanne langsam ganz ausbraten lassen und zum Schluß nach Belieben würzen. Dazu Quellkartoffeln kochen, die dann in diese Specktunke getunkt werden.

Übermittelt: von Rudi Walter

Zwibbelbrieh

Zutaten:

500 g Schweinebauch
  2 l Wasser
2–3   Brötchen
  3   große Zwiebeln
  3   Nelken, ganz
       Salz, Pfeffer, Muskat
       Essig, Mehl

Zubereitung:
Fleisch in 2 l Wasser, Zwiebeln, Lorbeerblätter und Nelken garkochen. Die eingeweichten Brötchen passieren sowie das in kleine Stücke geschnittene Fleisch in die Brühe geben. Mit Mehl andicken. Zum Schluß mit einem Schuß Essig, Salz und Pfeffer abschmecken.

Übermittelt: Gerda Keiper

Es war einmal / Anekdoten / Gesichter / Bilder
Der letzte Fischbacher Lehrer

Der letzte Fischbacher Lehrer Herbert Dornig ist gebürtiger Oberlausitzer. 1957 kam er über die "Grüne Grenze" nach West-Deutschland, und als er beruflich Fuß gefaßt hatte, holte er am 1. März des Folgejahres Frau und Sohn ebenfalls herüber.
Als Lehrer Stanke in Ruhestand ging, übernahm Herbert Dornig, vom Ministerium berufen, ab 02.12.1957 die Fischbacher Schule. Was er damals nicht wußte, war, daß er der letzte Fischbacher Lehrer sein würde und mit seiner Pensionierung die Schule für immer geschlossen würde. An seinen ersten Schultag kann er sich noch genau erinnern, als die Großen (Oberklasse) vor ihm standen: Ilse Dillenberger, Helmut Markl, Dieter Ober, Franz Kral.
Herr Dornig berichtet, daß die Schüler der Schuljahre 1-8 in einem Klassenraum unterrichtet wurden. Die Schülerzahlen schwankten so zwischen 20 - 28. Die Großen wurden um 8.00 Uhr, die Mittelstufe um 9.00 Uhr und die Kleinen um 10.00 Uhr bestellt. Um 12.00 - 13.00 Uhr wurden alle wieder entlassen. Dazu mußte Lehrer Dornig immer auf die Uhr schauen. Meist erinnerten ihn aber die Schüler, daß die Zeit "um" war. Um 10.00 Uhr war große Pause. Hinten im Schulhof wurden während dieser Zeit Freiübungen und Dauerlauf gemacht. Die Schüler liebten das, denn nachmittags mußten sie mit den Eltern aufs Feld.
Aus der Turnstunde im Winter wurde eine Rodelstunde. Das hat den Kindern besonders viel Spaß gemacht, weiß der Dorflehrer zu erzählen.
Auf eine Frage, ob die Fischbacher Kinder ihm oft Streiche spielten, verneint er dies klar mit dem Satz: "Direkte Streiche haben die Schüler nicht gemacht."
Die Schule befand sich in der 1. Etage, linke Seite. Rechts hat Familie Dornig gewohnt. Parterre links Fam. Böke, und rechts war das Rathaus/Gemeinderaum. Im Klassenraum stand ein großer Kachelofen, der von oben zu bedienen war. Neben dem Ofen lag das Holz. Im erdebenen Geschoß war vor seiner Zeit ein Kindergarten, ein

Ehemaliges Schulgebäude erbaut 1842 mit Kuhstall (links), der 1938 abgerissen wurde - heute Wohnhaus

Duschraum und ein Heizraum untergebracht. Genauer: Es standen zwei Räume mit je einer Badewanne den Einwohnern zur Verfügung, und nach der Seite zum Feuerwehrgerätehaus war ein großer ausgefliester Duschraum mit mehreren Duschen und einem ca 3x2m eingelassenen Becken mit einer Tiefe von ca 20 cm, wo man drin stand beim Duschen.

Fischbach hatte seinerzeit 202 Einwohner und nur 3 Autos. Die Kühe wurden noch angespannt, und es gab keine Traktoren. Die Busverbindung hat sich bis heute nicht gebessert. Es fuhr damals nur morgens und abends der Bus.

Es gab zwei kleine Läden zur damaligen Zeit, die Schmidt-Liese und Frau Diehl. Familie Dornig kaufte diplomatisch das Brot immer abwechselnd im Laden von Schmidt-Liese und dann bei Frau Diehl.

Emmi und Wilhelm Fetz führten damals die Gaststätte "Zum Fischbachtal". Busse mit Kurgästen pendelten zu dieser Zeit zwischen Berlin und Fischbach. Der Ort hatte regen Fremdenverkehr. Die Kurgäste konnten im Gasthof frühstücken, und zahlreiche

Fischbacher stellten Zimmer zur Verfügung. Emmi Fetz hat sehr gut gekocht, erzählt Dornig anerkennend.

Hinter der Gaststätte und den Stallungen besaß der Gastwirt Wilhelm Fetz einen großen Saal, wo zum Teil auch die Hühner weilten. In diesem Saal wurde die Kerb gefeiert, volkstümliche Theaterstücke aufgeführt, schulische Festlichkeiten abgehalten und Choräle gesungen. (Fischbach hatte einen gemischten Chor mit 20 Leuten. Ja, Fischbach war damals ein Kultur-Mittelpunkt, weiß er zu berichten!)

Musikalisch war Herr Dornig auch. Er spielte Geige und sang zum Weihnachtsvespergottesdienst mit Schülern Choräle und alte Weihnachtslieder im großen Saal der Schule. Der Zuspruch war immer so groß, daß Stühle herbeigeschafft und die Leute sogar draußen stehen mußten. Lehrer Dornig hielt die Andacht, und Edi (Aßmus) las das Lukas-Evangelium vor. Auch sang man und übte mit sangesfreudigen Fischbachern alte Weihnachtsweisen ein, die man ebenfalls vorführte. Wenn der Abendbus kam und vor der Schule der Christbaum brannte, sang man zur Freude der Ankommenden alte Weihnachtslieder.

Herr Dornig hatte mehrere Berufe: Lehrer, landwirtschaftlicher Arbeiter, KfZ-Schlosser und Katechet. Für letzteres mußte er noch ein Jahr Theologie studieren. Sein Traumberuf ging nicht in Erfüllung, denn er wollte eigentlich Kinderarzt werden. Diese berufliche Vielfalt, insbesondere seine praktischen Fähigkeiten, kamen den Schülern zugute. Alle haben einen Beruf gelernt, berichtet der Dorflehrer Dornig nicht ohne Stolz.

Es waren Kinder dabei, die noch nie mit der Eisenbahn gefahren waren. Herr Dornig und seine Frau hatten zwei Fahrten mit den Kindern unternommen, und zwar einmal auf die Insel Föhr und auf den Säntis/Schweiz. Damit die Schüler nicht im Hotel auffielen, wurde das "vornehme Essen" vorher geübt. Der Umgang mit Messer, Gabel, Untertasse und Frühstücksteller war für manche nicht so einfach. So rutschte einem Mädel beim Zuschneiden das belegte Brot vom Teller und flog im großen Bogen durch den Klassenraum, berichtet er mit einem Lächeln. Ebenso übte er in den Pausen Zweier- und Dreiergruppen ein. Zeigte er z.B. an der Bahnsteigsperre zwei Finger, so wußten die Schüler sofort, daß sie sich in Zweierreihen aufzustellen hatten.

Rückblickend sagt Lehrer Dornig: Alle benahmen sich tadellos auf den Reisen!

Am 16 Juli 1968 schrieb er die denkwürdigen Worte an die Tafel: "Ende Schule Fischbach".

Während der Sommerferien wurde das Lehrerzimmer ohne sein Mitwirken ausgeräumt; die Schulbücherei und die übrigen Lehrmittel wie Globen, Landkarten, Bildmaterial und alle anderen "Andenken" an seinen Unterricht brachte man in die Bad Schwalbacher Mittelpunktschule.

Leider ist die Schulchronik bis heute verschwunden. Sollte jemand näheres über den Verbleib wissen oder sie vor dem Abtransport "sichergestellt" haben, bitten wir um Mitteilung.

Wie Herr Dornig und seine Frau noch heute in ihre alte Lausitzer Heimat fahren, so suchen sie auch gern immer wieder mal Fischbach auf. Jetzt wohnen sie schon 14 Jahre in Walluf, aber vergessen haben sie Fischbach nicht.

Die Arbeit als Lehrer hat ihm und auch seiner Frau viel Freude gemacht! Fischbach war ihnen deshalb eine zweite Heimat geworden.

Fischbacher Schulchor von 1963 – Foto: F. Wild

Die Schulchronik

Übersetzung der Schulchronik Fischbach in Auszügen:

1) Schulchronik für die Elementarschule zu Fischbach

Von Herzoglicher Landesregierung wurde angeordnet, daß über eine jede Schule eine Chronik geführt werden solle und daß die Führung derselben in Gemäßheit der Regionalisierung Nummer 22061 vom 14. August 1819 und Nummer 21036 vom 12. August 1820 von dem ältesten Lehrer, eine deren mehrere an einer Schule sind, geschehen solle.

Fischbach 12. Januar 1828
Schneider

Siehe Originalabdruck auf der nächsten Seite!

1. Gründung der Schule

Was die Gründung der Schule anbelangt, so kann dieselbe nicht ausgemittelt werden, ... Aber dies ist gewiß, daß schon über 150 Jahre davor eine Schule war.

Die Schule war zu der Zeit eine bloße Dingschule. Zu Anfang des Winters kommen an einem bestimmten Tage diejenigen Leute welche Kinder in die Schule gegeben hatten und dingten den Lehrer auf den kommenden Winter, weil in jener Zeit bloß Winterschule gehalten wurde. ...

Die genaue Erbauung des Schulhauses kann ebenfalls nicht ausgemacht werden; aber nach Aussage der ältesten Menschen der hiesigen Gemeinde soll die Schule ungefähr Eintausendsiebenhundertsechsundvierzig (1746) erbaut worden sein.

Dieses erbaute Schulhaus war auch zugleich die Wohnung des Lehrers, und zwar in demselben Zimmer worin die Schule gehalten wurde wohnte auch der Lehrer. Es war Raum genug in dem Hause um dem Lehrer eine eigene Wohnung einzuräumen, allein dieses geschah nicht.

Das Haus war ein zweistöckiges Gebäude. In dem unteren Stocke desselben war links das Gemeindebackhaus und rechts ein Stall. Um in den zweiten Stock zu kommen, ging außen eine hölzerne Treppe herauf. Da war nun oben rechts das Lehrerzimmer und links zwei sehr schlechte dunkle Kämmerlein. Durch eins dieser Kämmerlein gingen die Steine von der Uhr und das Seil von der Glocke, was auch bis jetzt noch der Fall ist.
Das Lehrerzimmer war ein schlechtes, dunkles und ungesundes Zimmer.

Die alte Schulchronik wurde von 1819 - 1869 geführt und von den Frauen des Handarbeitskreises "übersetzt"

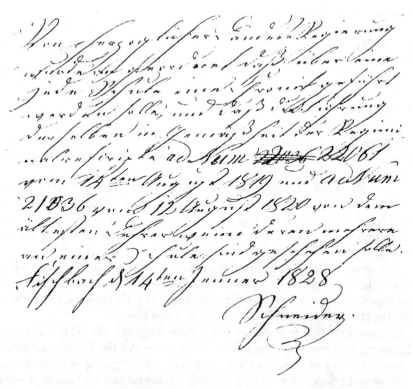

Originalabdruck der ersten Seite der alten Schulchronik

Bilder von früher und heute

Letzter Gemeindediener von Fischbach, Christian Eckel. Öffentliche Bekanntmachung mittels Ortsschelle bis 1979.

Drei Generationen in einem Haus aus dem Jahr 1942 – Im Kinderwagen Herbert Mernberger, dahinter Großmutter Marie und am Fenster Mutter Luise

Wilhelm Fetz mit Kastenwagen und Pferd – Foto: Gertrud Krieger

Gasthaus zum Fischbachtal, damaliger Besitzer Wilhelm Fetz
Foto: Gertrud Krieger

Früherer Zugang zum Friedhof - Foto um 1943

Heuernte - Foto: Gertrud Krieger

Die alte Dorfstraße – Foto: Gertrud Krieger

Fischbacher Kinder malen für: "Unser Dorf soll schöner werden"
Foto: Alexander Taitl

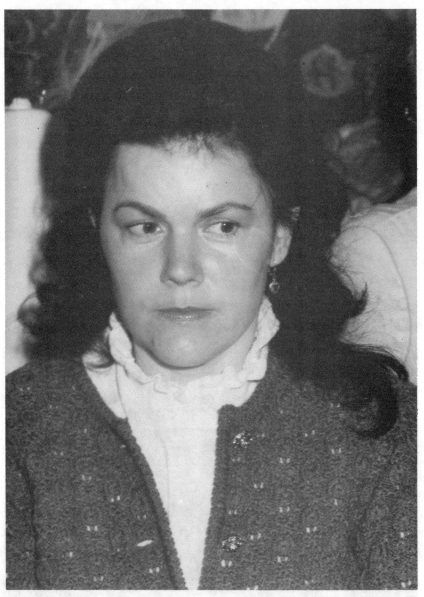

Gaby Mernberger (Gaby von der Post) setzt sich unermüdlich für Fischbach ein. – Danke auch an alle, die wir nicht veröffentlichen konnten!

Heinrich Ober vor dem schmucken von Hermann Ober renovierten kleinen Häuschen am Dalles.

Das Vereinsleben
Geschichte und Wirken des Bläserchores

Im Jahr 1950, also vor über 40 Jahren, faßte sich der inzwischen verstorbene Landwirt, Ernst Böke, "ein Herz" und gründete einen kleinen Posaunenchor. Er war kein gelernter Musiker, doch verstand er es auf einfache Art, Volks- und Kirchenlieder einzustudieren.

Notenkenntnisse hatten seine Bläser so gut wie keine, was sie aber nicht daran hinderte, fröhliche Musik zu machen. Ernst Böke wußte später die Kinder zu begeistern. Blockflöte und Triangel lernten sie als erstes, bevor einige auf Blechinstrumente umsteigen konnten.

Im Jahr 1975 konnte der Bläserchor sein 25jähriges Jubiläum feiern, Ernst Böke war noch dabei. Den 40. Geburtstag feierte der Chor im Jahr 1990. Von den Gründungsmitgliedern sind heute noch Rudi Walter und Herbert Mernberger aktiv.

Die Leitung des Chores wechselte in den langen Jahren: Kantor Brendel aus Bad Schwalbach, Sigurd Bartsch, ebenfalls aus Bad Schwalbach, und seit 1976 Hermann Erkel aus Bärstadt, der auch heute noch mit seiner Posaune den Takt angibt. Herr Erkel erhält von der Evangelischen Kirche eine kleine Entschädigung, damit er wenigstens die Benzinkosten bezahlen kann.

Die Kirche übernimmt aber noch weitere Kosten in Form der Finanzierung von Bläserfreizeiten, Anschaffung von Notenmaterial.

Der Chor besteht nicht ausschließlich aus evangelischen sondern auch aus katholischen Bläserinnen und Bläsern. Auftritte in der katholischen Kirche St. Michael in Kemel gehören schon seit langem dazu.

Der Fischbacher Bläserchor ist aus dem kulturellen und geselligen Leben in unserem Dorf nicht mehr wegzudenken. Er spielt bei Gottesdiensten, Fronleichnamsprozessionen, Volkstrauertag, Weihnachtsfeiern, Weihnachtsmärkten, Heiligabend, am 1. Mai, musikalischen Frühschoppen, Geburtstagen, Hochzeiten - also überall dort, wo es gilt, musikalisch Freude bereiten zu können.

Die Bläserinnen und Bläser organisieren auch wunderschöne Ausflüge, an denen stets viele Fischbacher mit besonderer Freude teilnehmen.

Einen Auftritt besonderer Art hatten einige Mitglieder des Chores im Jahre 1989: Der Turn- und Sport-Club Fischbach unternahm eine dreitägige Busreise nach Paris. Da der 1. Mai in diese Reisezeit fiel, nahmen die Bläser ihre Instrumente mit. Das erste Maiständchen im Ausland erfolgte vormittags vor dem Pentahotel, das zweite am Nachmittag vor der weltberühmten Kirche Notre Dame vor vielen internationalen Zuschauern und Zuhörern - ein wirklich tolles Erlebnis.

Bei aller Freude darf eines nicht vergessen werden: Der Bläserchor hat ganz erhebliche Nachwuchssorgen, eine Negativerscheinung, die viele Vereine in Fischbach und anderen Orten betrifft.

Wir können nur immer wieder Musikfreunde - gleich welchen Alters oder Geschlechtes - aufrufen: Komme zu uns und spiele mit. Einmal pro Woche wird zwei Stunden fleißig geübt, damit etwas Sinnvolles dabei herauskommt. Also, wer Lust hat, gleich zur nächsten Probe kommen - Instrumente werden vom Chor gestellt.

Herbert Mernberger

Im Verlauf der Jubiläumsveranstaltung zum 40jährigen Bestehen überreichte Ortsvorsteher Herbert Mernberger (links) dem Chorleiter Hermann Erkel den Wappenteller der Gemeinde Bild: Hämsch

Der Fischbacher Bläserchor spielte 1989 vor der weltberühmten Kirche Notre Dame – Foto: Alexander Taitl

Club der Fischbacher Senioren C.F.S.
Gegründet 1983

Die Fischbacher Senioren haben zu "ihrem Clubzeichen" und dem Namen das Gründungsjahr 1983 dazugesetzt.

Nachdem es vorher nicht so recht klappen wollte, fand sich nach Aufforderungen durch den damaligen Bürgermeister, Wolff Fleischer, und den Ortsvorsteher, Herbert Mernberger, die auch als Gründungspaten in den beiden dafür anberaumten Versammlungen des Frühjahrs mitwirkten, eine größere Anzahl älterer Menschen in der Fischbachhalle ein. Der Ausspruch eines Teilnehmers "...nun endlich Nägel mit Köpfen zu machen!" fand breite Zustimmung und bei einigen die Bereitschaft, in dem dann gegründeten Senioren-Club tatkräftig mitzuarbeiten. Es wurde daraus ein Club, der über die Jahre immer eine Mitgliederzahl um 40 hatte, was bei der Größe des Ortsteiles ganz beachtlich ist.

Die gefundene Organisationsform ist völlig unabhängig von politischen, kirchlichen und karitativen Stellen und wird jeweils in zweijährigem Abstand durch Wahlen bestätigt. Da der Rheingau-Taunus-Kreis über sein Sozialamt auch die in diesem Landkreis vorhandenen Altenclubs betreut, wurden auch die Fischbacher unter diese Fittiche genommen. Dies wirkt sich durch Rundschreiben, gelegentliche Clubleiter-Treffen und nicht zuletzt auch durch einen finanziellen Beitrag von jährlich etwa DM 5,-- pro Mitglied aus. Der Start des Clubs wurde mit Spenden von verschiedenen Seiten bedacht, u.a. von einem (bis heute) unbekannten Spender mit DM 1.000,--.

Mit den Funktionen des Clubkassierers, Schriftführers und Organisators wurde Heinz Fechner betraut. Der angesetzte Mindestjahresbeitrag von DM 15,-- wurde bis heute beibehalten, wobei die Beitragshöhe nach oben offen gelassen wurde und Spenden jederzeit willkommen waren. Die Clubveranstaltungen werden in der Hauptsache jedoch von je her durch die Erlöse der alljährlichen Weihnachts-Basare finanziert, welche zusammen mit dem Handarbeitskreis der Fischbacher Frauen durchgeführt werden.

Die in den Vorstand als 1. Vorsitzende gewählten Damen, Frau Margarete Keim und Frau Helene Meyer, traten zwischenzeitlich aus persönlichen Gründen zurück. Da sich hierfür niemand mehr bereitfand, wurde dieser "Vorsitz" bei der letzten Wahl gestrichen und Herr Fechner bis auf weiteres auch als "Clubleiter" bestätigt. Ihm zur Seite stehen von Anfang an Frau Annelies Diefenbach als Zuständige für sportliche Betätigung wie Kegeln, Spiele, Wandern usw., und Herr Franz Wild, der sich für die praktische Durchführung von Veranstaltungen und die handwerklichen Belange verantwortlich fühlt.

Um die in einem Senioren-Club nicht unbedeutende Tätigkeit des Kaffeekochens einschließlich Betreuung der Kaffeeküche kümmert sich umsichtig seit geraumer Zeit Frau Erna Wild. Wobei noch hervorzuheben ist, daß alle Mitglieder - soweit sie körperlich dazu noch in der Lage sind - durch aktive Mithilfe bestmöglichst zum Gelingen der Clubvorhaben beitragen.

Über die anstehenden Unternehmungen werden rechtzeitig Rundschreiben verfaßt und zusätzlich jährlich ein übersichtliches Clubprogramm den Mitgliedern ausgehändigt. Für die pünktliche Übermittlung an die Mitglieder garantiert Annemarie Luderer. Eine weitere Mitteilungsmöglichkeit besteht durch den clubeigenen Schaukasten, der in der Ortsmitte angebracht ist. Als Besonderheit enthält er ein separates Brieffach mit Einwurfschlitz, welches von den Mitgliedern für schriftliche Teilnahmebestätigungen und andere Mitteilungen genutzt werden kann.

Der Seniorenclub hat in der Vergangenheit u.a. zahlreiche Ausflugsfahrten, Besichtigungen, Vorträge, Feste veranstaltet. Sie aufzuführen würde den Rahmen dieses Buches sprengen!

Bei all' diesen unterschiedlichen Unternehmungen hat es für die, welche dabei sein konnten, viele Höhepunkte gegeben. Die gegenseitigen Beziehungen wurden vertieft und neue Verbindungen angebahnt. Auch die gemeinsamen Planungen mit den Ramschieder Senioren und dem Ergebnis des gegenseitigen Austausches von Mitfahrmöglichkeiten bei Clubausflügen fanden guten Anklang.

Das hilfreiche Team – von links : Erna + Heinz Fechner, Franz Wild, Helene Meyer und Erna Wild

5jähriges Gründungsfest des "Club Fischbacher Senioren"

Zu dem angelaufenen Dorferneuerungsprogramm hat der Club für sich den bescheidenen Wunsch geäußert, daß ihm nach erfolgter Erweiterung und Aufstockung der Fischbachhalle ein separater verschließbarer Raum für seine Requisiten und evtl. für eine kleine Bücherei zur Verfügung gestellt wird. Im übrigen schließt er sich den bereits vorgemerkten allgemeinen Wünschen der Dorfgemeinschaft an.

Man hofft, daß auch das Friedhofsgelände nicht außer acht gelassen wird und nebenbei dort an der nördlichen Seite eine zusätzliche Wasserstelle geschaffen wird.

Für die künftige Zeit wünscht sich der Seniorenclub weiterhin Unterstützung durch den Ortsbeirat, die Fischbacher Vereine und alle Mitbewohner.

Die Gemeinschaft der Älteren würde sich außerdem freuen, wenn Neumitglieder auch im Vorruhestand und aus anderen Gründen schon vor Erreichung des sogenannten Rentenalters zum Club finden würden. Alle Vereine und Clubs benötigen für ihr Weiterbestehen die ständige Verjüngung durch den Beitritt neuer Mitglieder.

Abschließend kann man mit Stolz feststellen, daß der Club Fischbacher Senioren (C.F.S.) das Vereinsleben im Dorf belebt hat!

Leitsprüche:
Wer die Arbeit hinter sich hat, sollte eine Aufgabe vor sich haben.
Alter ist auch, was wir draus machen!
Wir wollen keinen Ruhestand mit Filzpantoffeln und Langeweile.
Wir wollen in Gemeinschaft mit anderen etwas Nützliches tun, etwas unternehmen und dabei etwas erleben.

Heinz Fechner – Clubleiter

Handarbeitskreis

Seit 11 Jahren besteht der "Arbeitskreis Fischbacher Frauen" in Fischbach.
Die Idee, den Handarbeitskreis zu gründen, kam von Frau Käthe Maubach. Frau Maubach war 1981 mit ihrer Familie nach Fischbach gezogen. Sie ist Hauswirtschaftsmeisterin und sieht Handarbeiten, Kochen und Backen auch als ihr Hobby an. Da sie noch niemanden richtig kannte, wandte sie sich mit der Bitte an mich, alle Frauen und Mädchen in Fischbach anzuschreiben mit folgendem Text: "Wer Freude am Handarbeiten hat und neue Koch- und Backrezepte ausprobieren will, soll sich am Mittwoch nachmittag um halb drei in der Fischbachhalle einfinden". Siehe da, es kamen eine Menge Interessentinnen. Von nun an wurde jede Woche in der Fischbachhalle "gewerkelt", gekocht und gebacken.
Im November 1981 kamen wir auf die Idee, zur Weihnachtsfeier der Freiwilligen Feuerwehr einen Basar zu veranstalten. Wenn ich so zurückdenke, war der erste Basar doch noch recht bescheiden. Vom Erlös spendeten wir für die Fischbacher Seniorenbetreuung DM 215,-- und DM 417,-- für die Deutsche Krebshilfe.
Frau Maubach kannte die - leider viel zu früh verstorbene Mildred Scheel - persönlich, so daß wir uns hier auch ständig motiviert sahen, das Engagement von Frau Scheel zu unterstützen. So wurden wir fast jedes Jahr zur Spendenüberreichung nach Bonn eingeladen. Der Erfolg des ersten Basars machte uns Spaß, und wir beschlossen weiterzumachen. 1983 spendeten wir erstmals der Lebenshilfe in Langschied DM 1.000,--.
Seit 1984 beteiligt sich der Seniorenclub Fischbach mit eigenen Ständen am Basar. Der Erlös fließt der Seniorenbetreuung in Fischbach zu.
Zum ersten Mal ging 1987 eine Spende an die SOS-Kinderdörfer und 1988 wurde der Förderverein für tumor- und leukämiekranke Kinder unterstützt.
1991 wurde einem Selbsthilfeprojekt in "Bhabhatane" - Südafrika - mit einer Spende geholfen. Dieses Projekt wird auch von der evangelischen Kirchengemeinde Bärstadt gefördert. Seit Bestehen des Handarbeitskreises wurden insgesamt DM 40.200,-- für wohltätige Zwecke gespendet.

Dem Arbeitskreis gehören zur Zeit an:
Hanny Berghäuser, Marlies Bloch, Anja und Monika Magerl, Frieda Mernberger, Helene Meyer, Rosel Nöller, Silvia Ober, Birgit Schieck, Erna Wild, Elke van Zanten und Gaby Mernberger.
   Unsere Gründerin ist leider verzogen. Es besteht aber weiterhin ein guter Kontakt zu ihr.

Unser Ziel ist es, möglichst lange noch für wohltätige Zwecke erfolgreich zu arbeiten. Vor allem Kindern, die krank, behindert oder benachteiligt sind, möchten wir durch unsere Arbeiten helfen.

Gaby Mernberger
geschrieben für die Frauen des Handarbeitskreises

Mildred Scheel überreicht am 18. 2. 83 Rosemarie Nöller und Käthe Maubach eine Dankurkunde für die Spende des Handarbeitskreises

Freiwillige Feuerwehr Fischbach - Eine Institution stellt sich vor -

Bereits in früheren Jahrhunderten, als durch den ständigen Umgang mit offenem Feuer - offenen Kochstellen in Gebäuden, Laternen, Öllichtern, Fackeln etc. - die Gefahren eines Brandes erheblich größer waren als heute und die Flammen in den überwiegend mit Holz und Stroh hergestellten Gebäuden leicht Nahrung fanden, rückte man, mehr oder weniger organisiert, dem Feuer mit Wasser, transportiert in Leder- oder Blecheimern, zu Leibe.

Nach dem Aufstellen von Pflichtfeuerwehren wurden Anfang des 19. Jahrhunderts "Freiwillige Feuerwehren" gegründet und mit Fortschreiten der Technik auch mit moderneren Geräten ausgerüstet.

So hatte die Gemeinde Fischbach bereits 1841 eine fahrbare, handbetriebene Druckspritze, die heute noch als Ausstellungsstück zu bewundern ist.

Es würde zu weit führen, wollte man hier alle Einsätze der Wehrmänner aufzählen. Ich will mich deshalb darauf beschränken, wichtige Daten aus der Geschichte der Fischbacher Feuerwehr anzusprechen.

Die Freiwillige Feuerwehr Fischbach, in der Struktur eines Vereines, wurde im Jahre 1932 von 18 Männern gegründet und in den Folgejahren noch personell verstärkt.

Bereits 1934 hatte die Wehr 33 aktive Mitglieder. Im gleichen Jahr wurde dann auch eine Motorspritze mit einer Förderleistung von 400 l/Min. angeschafft, was zum damaligen Zeitpunkt einen großen Fortschritt bedeutete.

Da das alte Gerätehaus nicht mehr den Erfordernissen zur Unterbringung von Bekleidung und Geräten entsprach, entschloß sich die damals noch selbständige Gemeinde, ein neues zu bauen, welches dann 1956 der Feuerwehr übergeben werden konnte.

Mit der Anschaffung eines Löschfahrzeuges im Jahre 1970, ausgerüstet mit einer Tragkraftspritze mit einer Leistung von 800 l/Min. und weiteren modernen Geräten, war die Wehr Fischbach erstmals motorisiert.

Nach der Inbetriebnahme des Löschfahrzeuges wurde in den folgenden Jahren die Ausrüstung der Wehr immer weiter verbessert. So wurden alle Feuerwehrmänner und -frauen mit kompletten Einsatzanzügen und Schutzhelmen ausgerüstet.

Durch die heute bei einem Brand auftretenden Gefahren durch chemische Stoffe war es erforderlich, die Wehr mit Atemschutzgeräten auszustatten. Hierfür müssen immer wieder Feuerwehrmänner speziell ausgebildet werden.

Nachdem das in 1970 angeschaffte Fahrzeug sein technisches Alter erreicht hatte, wurde im Jahre 1990 ein neues, leistungsfähigeres Fahrzeug angeschafft. Dieses ist mit Atemschutzgeräten, Motorsäge, Funk und weiteren, dem heutigen Stand entsprechenden Geräten ausgestattet, so daß wir im Ernstfall in der Lage sind, umfangreiche Hilfe leisten zu können.

Da die Leistungsfähigkeit einer Wehr aber auch von der Stärke der Mannschaft abhängig ist, ist es das Bestreben aller Verantwortlichen, junge Männer, bei uns auch Frauen, für den Feuerwehrdienst zu gewinnen und auszubilden, von denen wir schon einige Wehrmänner und -frauen in die Einsatzabteilung übernehmen konnten.

Das Aufgabengebiet der Feuerwehren hat sich im Laufe der Jahre umfassend geändert. Wenn ein Schadensereignis eingetreten ist, wird als erstes die Feuerwehr gerufen! So muß diese ausrücken bei Feuer, Verkehrsunfällen, Austritt von chemischen Stoffen und Gasen, Hochwasser, Sturmschäden, Rettung von Menschen und Tieren aus allen Gefahrensituationen; um nur einige Aufgaben zu nennen.

Der Feuerwehrmann von heute muß sich durch ständige Aus- und Weiterbildung auf dem laufenden halten, um sich nicht selbst in Gefahr zu bringen und seinen Mitmenschen fachgerecht helfen zu können. Dies alles geschieht in seiner Freizeit, ohne irgendwelche Entlohnung!

Es sollte das Bestreben eines jungen Bürgers sein, in die Feuerwehr einzutreten, um sich und seinen Mitbürgern in Notfällen helfen zu können. Mit der Einstellung "mich geht das nichts an" oder "was soll mir schon passieren" ist es nicht getan. Man stelle sich vor, man gerät selbst in eine Notsituation und keiner kommt, weil alle so denken !?

Deshalb, liebe Leser, überlegen auch Sie einmal ernsthaft, ob Sie nicht auch Mitglied der Freiwilligen Feuerwehr sein müßten! Bei der Feuerwehr ist jeder herzlich willkommen!

Heinz Buff, Wehrführer; Günther Walter, stellvertr. Wehrführer und Vorsitzender des Vereins Freiwillige Feuerwehr

Handbetriebene Spritze von 1841 – Bild: 1970

Einsatzabteilung und Jugendfeuerwehr 1992

Fischbacher Jugendclub

Der Jugendclub Fischbach entstand 1979 aus dem damaligen "Young People Club". Wann dieser "Vorläufer" des Jugendclubs gegründet wurde, läßt sich nicht mehr genau nachvollziehen, weil keiner es schriftlich festgehalten hat und die Jahreszahlen, die man bei Befragung der damaligen Mitglieder erhält, variieren.

In einer feierlichen Steinbruch-Party wurde 1979 der Young People Club in die "Hände der folgenden Generation gelegt". Damals waren es ca. 10 Teenager zwischen 11 und 13 Jahren, die versuchen wollten, den Club zu erhalten. Man beteiligte sich an Weihnachtsfeiern (z.B. durch Theaterstücke) und anderen Veranstaltungen der örtlichen Vereine. Die Treffen fanden in Gartenhäuschen statt, und man feierte stolz die ersten Parties.

1983 wurde dann die erste eigene Veranstaltung auf die Beine gestellt – ein Kreppelkaffee mit 2stündigem Showprogramm. Diesem Fest sollten noch viele kreative Veranstaltungen des Jugendclubs folgen, in Form von Discos, Bayerischen und Hessischen Abenden oder "alternativen" Kappensitzungen.

Umweltschutz ist eine Aufgabe, der man sich seit einigen Jahren verstärkt verpflichtet fühlt. Früher beteiligte man sich nur an der "Aktion saubere Landschaft" des Fischbacher Ortsbeirates.

1988 entstand dann das erste große Umweltschutzprojekt des Jugendclubs – ein Feuchtbiotop unterhalb des Sauerbrunnens. Finanzielle Unterstützung fand der Jugendclub hierbei durch den World Wildlife Fund (WWF), das Amt für Landwirtschaft und Landentwicklung sowie die Spende eines Bad Schwalbacher Bauunternehmens.

Nach einigem vergossenem Schweiß konnte man dann das eigene Werk bestaunen. Heute ist das Biotop schon toll zugewachsen und weckt das Interesse von Naturschützern und Wanderern (die manchmal etwas mehr Abstand halten dürften).

Dem Biotop folgte 1990 die Pflanzung von Obstbäumen in der Fischbacher Gemarkung. Weitere Aktionen sind in Planung.

Ein großer Traum des Jugendclubs wäre ein eigener Jugendraum, den man selbst gestalten könnte. Bisher wurde von der Stadt Bad Schwalbach aber immer nur darauf verwiesen, daß man ja die Fischbachhalle nutzen könne – was natürlich einen eigenen Raum nicht ersetzt.

Im Rahmen des Dorferneuerungsprogrammes hofft man nun, daß dieser über 10 Jahre alte Traum vielleicht doch noch verwirklicht wird. Dies wäre für die Arbeit des Vereins und die Motivation neuer Mitglieder immens wichtig.

Da die öffentliche Verkehrsanbindung im Laufe der Zeit eher immer schlechter wird, muß den jungen Leuten, die keinen fahrbaren Untersatz besitzen, die Möglichkeit von Selbstentfaltung innerhalb des Ortes gegeben werden. Ein eigener Raum ist hierfür die Grundvoraussetzung. So könnten dann auch Kurse, Treffen zur Information oder Diskussion u.ä. regelmäßiger stattfinden. In den bestehenden Räumen der Fischbachhalle ist dies so nicht möglich.
Viele Jugendliche wollen ja in Fischbach wohnen bleiben. Um diese Motivation zu erhalten und zu festigen, muß der Ort für sie aber auch seinen Reiz behalten!

Manuela Mernberger

Der Fischbacher Jugendclub in der Hofeinfahrt von A. Mernberger

Fischbacher Schoppen-Elf

Im Jahr 1988 setzten sich fußballbegeisterte junge Fischbacher Männer zusammen und beschlossen: wir gründen eine Freizeitmannschaft. Ihr Name: Schoppen-Elf Zum Fischbachtal.

Da kein Anfangskapital zur Verfügung stand, fanden sich zum Glück Sponsoren bereit, den Verein zu unterstützen. Gastwirt Bernd van Zanten stiftete wunderschöne Wimpel, während Jagdpächter Willy Geuting und Firma Walter Hübel & Sohn aus Bad Schwalbach je einen kompletten Satz Trikots spendierten.

Gab es anfangs mehr Niederlagen als Siege, zahlte sich das wöchentliche Training im letzten Jahr aus. Stolze Siege ließen Niederlagen bald vergessen.

Die Schoppen-Elf besteht derzeit aus 20 aktiven Spielern und 8 passiven Mitgliedern. Alle Aktiven sind reine Hobby-Fußballer. Mannschaftssprecher ist Herbert Mernberger, unterstützt von Dirk Schönberger, während Günter Strack das Training leitet.

Neben Freundschaftsspielen gegen andere Freizeitmannschaften führte der Club in den letzten beiden Jahren auf dem Kleinsportfeld in Fischbach Fußballturniere mit 8 bzw. 10 Gastmannschaften durch.

Wer Lust hat, in seiner Freizeit etwas für seinen Körper zu tun, ist in der Schoppen-Elf gerne willkommen.

Herbert Mernberger

Die Fischbacher Schoppeelf mit ihrem Trainer Günter Strack

Peter Schneider fährt anläßlich der Kerb den "TSC Traktor"
Foto: Alexander Taitl

Turn- und Sportclub Fischbach

Der TSC ist Fischbachs größter Verein, mit zur Zeit 107 Mitgliedern; davon sind 107 aktiv und 17 passiv.
   Angefangen hat es im Jahre 1974 mit der Interessengemeinschaft "Trimm-Dich-Club", aus dem der eingetragene gemeinnützige Turn- und Sportclub hervorging.

Die Gründerväter von damals:
Wolfgang Berghäuser * Heinz Buff * Marianne Buff * Ursula Buff * Horst Hofmann * Waltraud Hofmann * Wilfried Künstler * Günter Meier * Axel Münzer * Annerose Sawrthal * Angela Schmidt * Eva Schneider * Peter Schneider * Günther Walter * Birgit Wild * Erika Münzer * Edith Berghäuser und Jürgen Mernberger

Vielfältige Aktivitäten zeichnen den heutigen TSC aus. Er ist mit seinen zahlreichen Angeboten ein bestimmender Faktor im Dorfleben, welches er mitprägt.
   In einem Dorf mit 380 Einwohnern ist es wichtig, daß etwas in der Gemeinschaft geschieht und man tätig mithilft, um ein Dorf mit Leben zu erfüllen. Der TSC und natürlich auch die anderen Vereine Fischbachs sind ein Beweis dafür, was Gemeinsinn alles bewirken kann.

Aktivitäten:
- Mutter-Kind-Turnen, Schülergruppe
- Jugendabteilung, Frauengymnastik
- Fußball, Lauftreff
- Schwimmen, Schlittschuhlaufen
- Ortswandertag, St. Martins-Fest
- Kinderfreizeit, Busfahrten nach Paris und Brüssel
- Beteiligung an Gemeinschaftsaktionen: Fassenacht, Fischbacher Dorfmarkt und Weihnachtsfeier.

Der Sportbetrieb findet auf dem Bolzplatz und eingeschränkt in der Fischbachhalle statt. Hier wird dringend ein Abstellraum für die zahlreichen Sportgeräte benötigt.

Auf dem Wunschzettel ganz oben steht auch die Erweiterung (Verlegung?) der Bolzplatzhütte mit elektrischem Strom und endlich aus hygienischen Gründen Duschen und Toiletten, da jetzt Fischbach an die Kläranlage angeschlossen wurde.

Die Mannschaft, die derzeit die Geschicke des Vereins leitet, besteht nur aus Damen:

Hildegard Mernberger (1. Vorsitzende) * Kerstin Walter (2. Vorsitzende) * Ursula Wedel (Kassiererin) * Trautlinde Schmidt (Schriftführerin) * und Silvia Schäfer (Sportwart)

Trautlinde Schmidt (Schriftführerin)

Kerbeumzug mit "Tausendfüßler" - Bild v. 29.9.1992, Meckel

Die Kirche im Dorf

Auf einem schön gelegenen Platz, inmitten des Ortes Fischbach, wurde für die evangelische Gemeinde ein kleines Gotteshaus errichtet, dessen Einweihung am 10. Juli 1955 stattfand.

Anwesend waren: Herr Propst zur Nieden, Herr Landrat Dr. Vitense und der damalige Pfarrer Herr R. Richter. Es war ein Fest für das ganze Kirchspiel Bärstadt. Es waren nicht nur Protestanten sondern auch Katholiken gekommen. Kaum ein Einwohner hatte sich von den Spenden- und Hilfeleistungen, die zur Errichtung unseres Gemeinde- und Jugendheimes notwendig waren, ausgeschlossen.

Bei dem Bau handelt es sich um eine neue, für Wehrmachtszwecke gebaute Baracke, die auf einen Steinsockel montiert wurde. Die Ausschachtungsarbeiten wurden von den evangelischen Einwohnern damals gemeinsam ausgeführt. Der Raum dieses kleinen Gotteshauses faßt 50 Personen.

Hier fanden nun seit dieser Zeit die Proben des von Herrn Kirchenvorsteher Ernst Böke gegründeten Posaunenchores wöchentlich statt. Die Frauenhilfe, eine damals bestehende kleine Flötengruppe sowie ein Singkreis erfüllten immer das Haus mit Leben. Der Kirchenvorsteher, Herr Ernst Böke, und ein Bärstadter Gemeindeglied stellten ihre hinter einem Berghang gelegenen Wiesen der Kirchengemeinde kostenlos zur Verfügung für die Erstellung des Gemeinde- und Jugendheimes.

Bis heute ist unsere kleine Kapelle ein Ort der Begegnung, an dem jeden 2. Sonntag im Monat ein Gottesdienst stattfindet sowie 14tägig Kindergottesdienst, der von Herrn Uwe Erkel, Bärstadt, geleitet wird.

Seit der letzten Kirchenvorstandswahl der EKHN wurden als Kirchenvorsteher für Fischbach Elisabeth Pfeifer und Gertrud Heraeus gewählt.

Den Volkstrauertag begeht unsere Gemeinde mit einer Ansprache unseres Pfarrers, Herrn Manfred Löhde, der am 26.8.1990 als Nachfolger von Herrn Pfarrer Horst Koob in unsere Gemeinde eingeführt wurde.

Ein Jahresabschluß-Gottesdienst beschließt das zu Ende gehende Jahr in unserem kleinen Gotteshaus.

Gertrud Heraeus

Die Fischbacher Kapelle

Leichenhalle erbaut 1968

Friedhof - Die letzte Ruhestätte

Im Jahr 1887 wurde in der Gemeinde Fischbach ein "Todtenhof" angelegt. Größe: 15 ar = 60 Ruthen. Der Zugang führte durch einen Fichtenbewuchs, der später beseitigt werden mußte.

Verstorbene Fischbacher wurden in der Regel im eigenen Wohnhaus aufgebahrt und am Tage der Beerdigung mit einem Leichenwagen, den ein Pferd zog, zum Friedhof gebracht. Dies änderte sich im Jahr 1968, als auf dem Friedhofsgelände eine Leichenhalle errichtet wurde.

Einige Jahre später - 1974 - wurde das Ehrenmal in der Dorfmitte abgelegt und vor dem Friedhof ein neues errichtet. Am 17.11.1974 erfolgte die erste Gedenkstunde anläßlich des Volkstrauertages am neuen Ehrenmal.

Traditionell läutet am Tag einer Beerdigung die ehemalige Schulglocke eine halbe Stunde vorher, ein Zeichen dafür, daß man sich jetzt ordnungsgemäß anziehen muß. Die Glocke läutet noch einmal, sobald ein Sarg in das Grab gelassen wird.

Herbert Mernberger

Der Friedhof, die lezte Ruhestätte

Schlußbemerkung

Der Fischbacher Arbeitskreis Kultur hat sich mit der Herausgabe dieser Broschüre zum Ziel gesetzt, die Dorferneuerung dem interessierten Leser näher zu bringen.

Kein trockenes "Fachchinesisch" wollte man verwenden, vielmehr eine lebendige Sprache, angereichert mit Bildern und Zeichnungen. Die zahlreichen Abbildungen haben zum Gelingen dieses Buches entscheidend beigetragen. Dafür gilt besonders ein Dankeschön an meinen Vater Theo Taitl, der uns die zahlreichen schönen Zeichnungen lieferte und für das Layout des Umschlages sich verantwortlich zeigt.

Das Buch soll auch eine Identifikation mit dem Ort bedeuten; deshalb wurden ortstypische Themen aufgegriffen. Doch gleichzeitig sollte ein Kurgast oder Freund Fischbachs dieses Buch mit Interesse lesen können. Mit dem Mundartlexikon, Wanderwegbeschreibungen, heimischen Gerichten aus Omas Kochbuch und Fischbachs Beitrag zum sanften Tourismus u. a. hoffen wir, dieses erreicht zu haben.

Den Verlag im eigenen Haus hat man selten, doch gerade dies hat sich bewährt. Hier gilt ein dickes Lob meiner Frau, der Leiterin des Irena Taitl Verlages, für die gute Zusammenarbeit und das Einhalten des Drucktermines, trotz erheblicher Überschreitung der vereinbarten Seitenzahl und der Abbildungen. Herrn Minister Jörg Jordan, der uns anläßlich seines Besuches in Fischbach einen Bewilligungsbescheid über die Finanzierung dieses Buches überreichte, gilt noch einmal ein besonderes Dankeschön.

Abschließend möchte ich insbesondere den Hauptmitarbeitern des Arbeitskreises Kultur: Gabi Mernberger, Evi Schneider, Rosi Walter, Johanna Krebs und Irena Taitl für die redaktionelle Bearbeitung danken.

Hier sei auch unser Ortsvorsteher Herbert Mernberger mit seiner Frau Gaby erwähnt, die sich unermüdlich für diesen Ort einsetzen und uns immer mit Rat und Tat unterstützen. Dem Planungsbüro mit Kai Richter für sein Engagement, das über das normale Maß hinausgeht, sei ebenso danke gesagt wie der Moderatorin Jutta Elfner-Storck und Wolfgang Mohr für seine Ratschläge auf dem Weg zur Dorferneuerung und danach.

Auch nicht vergessen möchten wir all jene ungenannten Bürger, die durch ihr Engagement im privaten wie im sozialen Bereich in Fischbach uns anregten, dieses Buch zu schreiben für ein Dorf, das sicher Zukunft haben wird.

Alexander Taitl (Leiter des Arbeitskreises Kultur)

Viel Spaß beim Lesen wünscht Ihnen der Arbeitskreis Kultur!
Von links oben: Irena Taitl, Rosemarie Walter und Alexander Taitl
Unten: Evi Schneider und Johanna Krebs (Gaby Mernberger S. 110)

Die aktuelle neue Fischbacher Postkarte